GABRIELA OLIVEIRA

COZINHA VEGANA

para quem quer ser *saudável*

100% vegetal

CB012421

COZINHA VEGANA

GABRIELA OLIVEIRA

para quem quer ser *saudável*

100% vegetal

Editora
Cultrix
SÃO PAULO

Título original: Cozinha Vegetariana para Quem Quer Ser Saudável
Editora original: Berthand Editora Ltda.
Fotografia e produção: Gabriela Oliveira
Projeto gráfico: Marta Teixeira
Copyright © 2015 Gabriela Oliveira.
Copyright da edição brasileira © 2018 Editora Pensamento-Cultrix Ltda.
Texto de acordo com as novas regras ortográficas da língua portuguesa.
1ª edição 2018.
Todos os direitos reservados. Nenhuma parte desta obra pode ser reproduzida ou usada de qualquer forma ou por qualquer meio, eletrônico ou mecânico, inclusive fotocópias, gravações ou sistema de armazenamento em banco de dados, sem permissão por escrito, exceto nos casos de trechos curtos citados em resenhas críticas ou artigos de revistas.
A Editora Cultrix não se responsabiliza por eventuais mudanças ocorridas nos endereços convencionais ou eletrônicos citados neste livro.
Texto preparado e adaptado a partir do original em português (Portugal) fornecido pela autora.

Editor: Adilson Silva Ramachandra
Editora de texto: Denise de Carvalho Rocha
Gerente editorial: Roseli de S. Ferraz
Preparação de originais: Lucimara Carvalho
Produção editorial: Indiara Faria Kayo
Editoração eletrônica: Join Bureau
Revisão: Vivian Miwa Matsushita

Dados Internacionais de Catalogação na Publicação (CIP)
(Câmara Brasileira do Livro, SP, Brasil)

Oliveira, Gabriela
  Cozinha Vegana para quem quer ser saudável / Gabriela Oliveira. – São Paulo: Cultrix, 2018.
  ISBN 978-85-316-1475-0

  1. Culinária vegana 2. Saúde – Promoção I. Título.

18-19333   CDD-641.5636

Índices para catálogo sistemático:
1. Receitas veganas: Culinária 641.5636
Iolanda Rodrigues Biode – Bibliotecária – CRB-8/10014

Direitos de publicação para o Brasil adquiridos com exclusividade
pela EDITORA PENSAMENTO-CULTRIX LTDA.
Rua Dr. Mário Vicente, 368 – 04270-000 – São Paulo, SP
Fone: (11) 2066-9000 – Fax: (11) 2066-9008
http://www.editoracultrix.com.br
E-mail: atendimento@editoracultrix.com.br
Foi feito o depósito legal.

À minha família, pelo apoio, pelas sugestões e pelo incentivo.

A todos os que anseiam por um mundo mais fraterno, pacífico e sustentável.

SUMÁRIO

Café da manhã e Lanche

BEBIDAS, SMOOTHIES E IOGURTES
- 29 -

GRANOLA, MUFFINS E BISCOITOS
- 47 -

Almoço & Jantar

ENTRADAS E REFEIÇÕES LEVES
- 73 -

PRATOS PRINCIPAIS
- 99 -

SALADAS E ACOMPANHAMENTOS
- 127 -

Sobremesas

BOLOS E TORTAS
- 151 -

DOCES GELADOS
- 171 -

APRESENTAÇÃO

A gastronomia vegana é fascinante, por sua simplicidade e diversidade e, sobretudo, por desconstruir muitos mitos e preconceitos em relação à alimentação, apresentando alternativas viáveis para uma vida mais saudável, compassiva e ecológica.

Para mim, é um privilégio poder apresentar novas possibilidades e, quem sabe, despertar em você a vontade de vivenciar uma culinária cheia de sabor, cor e energia. Mesmo para quem mostra resistência a novidades ou tem pouca destreza na cozinha, esta aventura pode se revelar uma boa surpresa. Por quê? Porque, para muitas pessoas, é um desafio que se transforma em paixão, pela descoberta de novas formas de cozinhar e de encarar e proteger a vida.

É reconfortante, em especial, a ideia de sermos capazes de preparar nossos alimentos de maneira simples, natural e saudável, sem depender da indústria alimentícia e de seus artifícios e sem pactuar com a morte e o sacrifício de animais, recorrendo somente a ingredientes 100% vegetais – contornando eventuais intolerâncias e alergias alimentares e fomentando nossa saúde e nosso bem-estar.

Hoje sabemos que adquirir bons hábitos alimentares pode ser determinante, tanto para manter a saúde como para prevenir doenças – ou para revertê-las. As doenças cardiovasculares e oncológicas são as principais causas de morte no mundo ocidental, estando associadas a erros alimentares, nomeadamente como o consumo excessivo de carne, sal e gorduras saturadas. Podemos reverter essa tendência se optarmos por consumir mais vegetais e seus derivados, beneficiando-nos de seus fitonutrientes e antioxidantes, com ação protetora, regeneradora e anticancerígena.

Nossas escolhas alimentares têm um forte impacto ambiental e econômico, que em muito ultrapassam as esferas individual e familiar. A indústria pecuária (de dimensões massivas, sem paralelo na história da humanidade) é apontada pela Organização das Nações Unidas como uma das principais causas dos problemas ambientais atuais, incluindo o aquecimento global, a degradação do solo, o desmatamento, a poluição do ar e da água e a perda da biodiversidade. Recursos que poderiam ser diretamente usados na alimentação, como a água e os cereais, são desviados para a produção pecuária, numa gestão ineficiente, pois não será possível (nem desejável) manter os padrões de consumo ocidentais em escala planetária. A redução dos produtos de origem animal é um imperativo premente para a saúde humana e a sustentabilidade do planeta.

Depois de ter escrito os livros *Cozinha Vegetariana para Quem Quer Poupar* e *Alimentação Vegetariana para Bebês e Crianças*, e de ambos terem sido tão bem recebidos, deixo essa nova proposta, dessa vez com informações nutricionais mais completas e detalhadas. Espero que seja útil e se torne uma companhia assídua na sua bancada de cozinha.

Por um mundo mais verde, compassivo e saudável! Bom apetite!

Gabriela Oliveira

INTRODUÇÃO

Uma saudável aventura gastronómica

Uma alimentação vegana bem planejada, equilibrada e completa garante todos os nutrientes de que necessitamos nas várias fases da vida, seja na infância, na adolescência ou na vida adulta. As refeições veganas podem ser implementadas no cardápio semanal, com grandes vantagens para a nossa saúde, e ainda respeitando a vida e a sustentabilidade do planeta.

COMO GARANTIR AS PROTEÍNAS?

Em qualquer regime alimentar, é necessário assegurar uma adequada ingestão de proteínas, essenciais para o crescimento, a regeneração e o funcionamento das células do corpo. O vocábulo proteína deriva do grego *protos*, que remete ao "primeiro elemento". A sua importância é, contudo, muito valorizada.

Ao contrário do que comumente se pensa, as proteínas de que necessitamos não se encontram somente na carne, no peixe, nos ovos e nos laticínios. É fácil obtê-las mesmo optando por um regime 100% vegano. As proteínas vegetais são consideradas mais saudáveis por terem menos gordura saturada, serem ricas em fibras, fitonutrientes e antioxidantes e serem livres de colesterol.

Se ao longo do dia ingerirmos várias porções de alimentos proteicos, as quantidades recomendadas serão supridas. Os alimentos que têm todos os aminoácidos essenciais, se consumidos em proporções adequadas, são fontes de proteína de alto valor biológico. Quando um ou mais aminoácidos essenciais aparecem em quantidade insuficiente, a proteína é considerada de médio ou baixo valor biológico. Porém, os aminoácidos combinam-se entre si no nosso organismo para formar "proteínas completas". Juntar cereais e leguminosas (por exemplo, arroz com feijão, massas com grão ou cuscuz com lentilhas) é uma tradição antiga em muitas culturas. E hoje se sabe que não é indispensável ingerir esses alimentos na mesma refeição. O corpo mantém uma reserva de aminoácidos que pode usar para complementar as proteínas consumidas, tornando-as completas.

Alimentos como a quinoa, as sementes de cânhamo e a soja e seus derivados, como o tofu e o tempeh, fornecem proteínas completas. As sementes, as frutas secas, as leguminosas (feijão, grão-de-bico, lentilha, fava ou ervilha) e os cereais integrais têm elevado teor de proteínas que, não sendo de alto valor biológico, podem combinar-se e garantir proteínas completas. Hoje, dispomos também de ingredientes de grande concentração proteica – os chamados superalimentos, como a proteína de ervilha, a proteína do cânhamo, a levedura de cerveja, o gérmen de trigo e a linhaça moída, que são comercializados em pó, prontos para o consumo, o que facilita seu uso. Podemos também preparar misturas caseiras (ver receita da p. 48), reduzindo a pó um conjunto de sementes para usar como reforço proteico.

De que quantidade de proteínas necessitamos? Depende de fatores como a idade, o sexo, o peso, a estatura, a atividade física e a fase da vida em que nos encontramos. O valor de referência diário para um adulto é de 0,8 g de proteína por quilo de peso corporal, aumentando ligeiramente numa dieta vegana (0,9 g). Durante a infância, a adolescência e a gravidez, os valores indicados são mais elevados: 1,5 g (0-1 ano); 1,1 g (1-3 anos); 0,95 g (4-13 anos); 0,95 g (14-18 anos); 1,1 g (gravidez e aleitamento). Podemos calcular a dose diária de proteínas multiplicando o valor de referência pelo nosso peso ideal.

Proteínas – sugestões para reforçar o seu consumo

- Prepare uma mistura proteica caseira e use-a regularmente.
- Inclua linhaça moída ou sementes em smoothies, iogurte, saladas e sobremesas.
- Adicione levedura de cerveja, gérmen de trigo, proteína de cânhamo ou proteína de ervilha em smoothies e sopas.
- Consuma frutas secas (pinhole, amendoim, amêndoa, castanha-de-caju, pistache, nozes).
- Use manteiga de amendoim, de amêndoa, de castanha-de-caju ou de avelã em sanduíches e torradas.
- Inclua leguminosas nas sopas.
- Combine cereais e leguminosas para obter proteínas completas.
- Em vez de carne ou peixe, opte por seitan, tempeh, tofu, leguminosas, aveia ou quinoa nas principais refeições.
- Inclua cereais integrais, farinhas integrais ou farinhas de leguminosas nas receitas.

DDR Proteína *(Dose Diária Recomendada)*

1 - 3 anos	13 g
4 - 8 anos	19 g
9 - 13 anos	34 g
+ de 14 anos (HOMEM)	56 g
+ de 14 anos (MULHER)	48 g
Gravidez e aleitamento	27 g
Aleitamento	71 g

Os dados que constam em todas as tabelas de **Doses Diárias Recomendadas** (DDR) nesta introdução foram obtidos com base em *Dietary Reference Intakes* (Consumo Dietético de Referência), Instituto de Medicina, Washington: National Academy Press, 2003.

Proteínas – principais fontes de origem vegetal
(POR 100 G DE ALIMENTO COZIDO OU PRONTO PARA O CONSUMO)

Alimento	Quantidade	Alimento	Quantidade
Proteína de ervilha**	78,0 g	Manteiga de caju**	17,5 g
Proteína de cânhamo**	50,0 g	Sementes de chia*	16,5 g
Levedura de cerveja**	45,0 g	Feijão de soja*	16,4 g
Pinhole	33,2 g	Tremoço	16,4 g
Sementes de cânhamo**	31,0 g	Torrada de trigo integral	15,4 g
Gérmen de trigo**	25,8 g	Manteiga de avelã**	15,0 g
Amendoim	25,4 g	Sementes de gergelim	14,4 g
Manteiga de amendoim**	25,0 g	Aveia em flocos	13,5 g
Seitan	24,0 g	Lentilhas	9,1 g
Amêndoa	21,6 g	Pão de cereais	9,0 g
Manteiga de amêndoa**	21,0 g	Feijão-preto*	8,8 g
Cacau em pó	19,6 g	Feijão-fradinho	8,8 g
Castanha-de-caju*	19,6 g	Feijão-vermelho*	8,6 g
Sementes de abóbora*	18,5 g	Grão-de-bico	8,4 g
Linhaça*	18,2 g	Tofu	8,3 g
Tempeh*	18,1 g	Feijão-manteiga	7,8 g
Pistache	18,0 g	Favas	6,7 g
Sementes de papoula*	17,9 g	Feijão-branco	6,6 g

Os dados que constam em todas as tabelas de nutrientes desta introdução foram obtidos com base na *Tabela da Composição de Alimentos*, do Instituto Nacional de Saúde Dr. Ricardo Jorge, com exceção dos assinalados: *National Nutrient Database for Standard Reference* Release 26, U.S., 2013. ** Provida, disponível em <http://www.provida.pt>, 2015.

COMO REFORÇAR O FERRO?

As refeições veganas equilibradas permitem uma adequada ingestão de ferro. Bons hábitos alimentares e escolha criteriosa de alimentos podem levar à melhor absorção e fixação do ferro pelo nosso organismo. A falta de ferro é a carência nutricional mais comum na população. É necessário que haja vigilância e algum cuidado para evitá-la. O ferro é essencial na formação da hemoglobina e no transporte do oxigênio para as células, sendo decisivo para um sistema imunológico forte. A incidência de anemia ferropriva (deficiência de ferro) não é maior entre os veganos. A ideia de que podemos obter o ferro necessário só através da carne é um mito.

Uma ampla variedade de alimentos de origem vegetal contém ferro em quantidades elevadas (ver tabela). Algumas especiarias e ervas aromáticas secas (como o tomilho, o manjericão, a cúrcuma e a canela moída) são excepcionalmente ricas em ferro, podendo conter cem vezes mais ferro do que a carne. As sementes de gergelim, papoula e chia, a castanha-de-caju, o tremoço, o damasco seco, os legumes de folha escura, o brócolis, a salsa, as leguminosas e os cereais são outros exemplos de alimentos com boa concentração de ferro. Porém, a biodisponibilidade do ferro nos alimentos de origem vegetal (ferro não heme) é menor do que a do ferro de origem animal (ferro heme), por isso são necessários cuidados adicionais.

Há fatores que auxiliam a absorção do ferro, enquanto outros a inibem e dificultam. Incluir alimentos ricos em vitamina C numa refeição potencializa bastante a absorção do ferro, particularmente no caso de pessoas com baixas reservas. Iniciar a refeição com uma sopa de legumes, temperar a salada com limão ou acompanhar o prato com um suco natural facilita a absorção do ferro. Alguns métodos culinários também são favoráveis, como demolhar e germinar as leguminosas e os cereais, ou tostar/torrar as frutas secas – reduzindo o ácido fítico, um dos inibidores do ferro não heme. Pelo contrário, os refrigerantes e as bebidas ricas em polifenóis, como o chá (preto, verde e branco), o café e o cacau, limitam a absorção do ferro, devendo-se evitá-los durante as refeições.

Qual é a quantidade de ferro de que necessitamos? A dose diária de referência é de 18 mg para um adulto, mas os valores mudam em função da idade e da fase da vida, sendo inferiores para os homens e mais elevados para as mulheres, sobretudo durante a gravidez. As crianças necessitam de cerca de 10 mg por dia, aumentando para 15 mg na adolescência. Esses valores podem ser alcançados com uma alimentação variada, ingerindo-se várias porções de alimentos ricos em ferro e vitamina C ao longo do dia.

Ferro – sugestões para aumentar a ingestão e a absorção

- Reforce o consumo de alimentos ricos em vitamina C.
- Use tomilho, manjericão, coentro, cúrcuma e gengibre em pó como condimentos.
- Adicione salsa e coentro fresco picado.
- Adicione canela em pó a vitaminas, mingaus, leite, iogurte e sobremesas.
- Use diariamente sementes de gergelim, papoula, linhaça ou chia.
- Coma pistaches, castanhas-de-caju, damascos, uvas-passas, ameixas e figos secos.
- Consuma regularmente tremoços, feijão, lentilhas, grão-de-bico, favas, ervilhas e quinoa.
- Consuma legumes de folha escura e brócolis.
- Evite o café e o chá durante as refeições.
- Elimine os refrigerantes.

DDR Ferro

1 - 3 anos	7 mg
4 - 8 anos	10 mg
9 - 13 anos	8 mg
14 - 18 anos	11 a 15 mg
+ de 14 anos (HOMEM)	8 mg
+ de 14 anos (MULHER)	18 mg
Gravidez	27 mg
Aleitamento	10 mg

Ferro – principais fontes de origem vegetal

(POR 100 G DE ALIMENTO COZIDO OU PRONTO PARA O CONSUMO)

Tomilho em pó*	123,6 mg	Feijão-manteiga	2,7 mg
Manjericão em pó*	89,8 mg	Soja em grão	2,6 mg
Cúrcuma em pó*	55,0 mg	Figo seco	2,6 mg
Coentro em pó*	42,4 mg	Feijão-branco	2,5 mg
Canela em pó	38,0 mg	Espinafre	2,4 mg
Gengibre em pó*	19,8 mg	Uvas-passas	2,4 mg
Semente de gergelim*	14,5 mg	Lentilhas	2,3 mg
Sementes de papoula*	9,7 mg	Feijão-preto**	2,1 mg
Sementes de chia*	7,7 mg	Grão-de-bico	2,1 mg
Pistache	7,0 mg	Seitan*	2,1 mg
Cacau em pó	5,8 mg	Tempeh**	2,1 mg
Damasco seco	5,8 mg	Coentro	1,9 mg
Linhaça*	5,7 mg	Feijão-fradinho	1,9 mg
Castanha-de-caju	5,7 mg	Agrião	1,7 mg
Tremoço	5,5 mg	Favas secas	1,6 mg
Feijão de soja	5,1 mg	Tofu	1,6 mg
Alho em pó	3,3 mg	Pão de cereais	1,6 mg
Salsa	3,2 mg	Alface	1,5 mg
Pão integral com gergelim	3,2 mg	Ervilhas secas	1,4 mg
Torrada de trigo integral	3,2 mg	Quinoa*	1,4 mg
Avelã	3,0 mg	Ervilhas frescas	1,2 mg
Farinha de alfarroba	3,0 mg	Favas frescas	1,0 mg
Ameixa seca	3,0 mg	Brócolis	1,0 mg
Feijão-vermelho**	2,9 mg	Alho-poró	1,0 mg

COMO REFORÇAR O CÁLCIO?

Uma das preocupações recorrentes é a de que a alimentação forneça cálcio suficiente, sobretudo nas fases de crescimento e na idade avançada. O cálcio é o mineral mais abundante no corpo humano, estando presente nos ossos e nos dentes, sob a forma de sais de cálcio.

Durante anos vigorou a ideia de que o leite de vaca e os laticínios eram indispensáveis para assegurar as quantidades diárias de cálcio. Contudo, evidências científicas têm revelado o oposto: a fixação do cálcio proveniente dos laticínios é reduzida, devido ao elevado teor de gordura saturada que possuem (além de sal e açúcar). Os laticínios estão associados ao aumento de intolerâncias e alergias alimentares, problemas cardiovasculares e oncológicos. Na realidade, o leite de vaca é o alimento dos bezerros, e não é adequado para o consumo humano. As bebidas conhecidas como leite vegetal contêm valor idêntico de cálcio (120 mg) e não possuem lactose nem gordura saturada.

São boas fontes de cálcio alimentos como o manjericão seco, a canela moída, as sementes de papoula, de gergelim e de linho (linhaça), a amêndoa, a avelã, o figo seco, a salsa, a couve e os leites vegetais à base de soja, de aveia ou de outros cereais (ver tabela). O cálcio proveniente de alimentos de origem vegetal, em particular das ervas aromáticas e dos legumes de folha escura (excetuando-se o espinafre), é bem absorvido. Para uma boa absorção do cálcio, são importantes a presença de vitamina C, a exposição à luz solar (vitamina D) e o exercício físico.

Ao optarmos por alimentos de origem vegetal ricos em cálcio, as quantidades diárias poderão ser obtidas sem grande dificuldade, além disso, estaremos consumindo boas fontes de proteína, ferro e fibras, o que é muito vantajoso.

Cálcio – sugestões para aumentar a ingestão e a absorção

- Use ervas aromáticas secas, como tomilho, manjericão e coentro em pó.
- Adicione canela em pó ou farinha de alfarroba a vitaminas, mingaus e/ou sobremesas.
- Use diariamente sementes de gergelim, papoula, chia ou linhaça.
- Reforce o consumo de amêndoa, avelã, pistache e figos secos.
- Use salsa e coentro frescos picados.
- Consuma couve, agrião e brócolis ramoso.
- Opte por tofu, leite vegetal e iogurte de soja.
- Consuma alimentos ricos em vitamina C.

DDR Cálcio

1 - 3 anos	500 mg
4 - 8 anos	800 mg
9 - 18 anos	1300 mg
+ de 18 anos (HOMEM)	1000 mg
+ de 18 anos (MULHER)	1200 mg
Gravidez e aleitamento	1000 mg

Cálcio – principais fontes de origem vegetal

(POR 100 G DE ALIMENTO COZIDO OU PRONTO PARA O CONSUMO)

Manjericão em pó*	2240 mg	Figo seco	235 mg
Tomilho em pó*	1890 mg	Salsa fresca	200 mg
Sementes de papoula*	1438 mg	Agrião	198 mg
Coentro em pó*	1246 mg	Proteína de cânhamo**	140 mg
Salsa em pó*	1140 mg	Pistache	135 mg
Canela em pó	1228 mg	Brócolis ramoso	131 mg
Sementes de gergelim*	975 mg	Tofu	130 mg
Sementes de chia*	631 mg	Leite de amêndoa*	120 mg
Farinha de alfarroba	349 mg	Leite de aveia*	120 mg
Amêndoa	266 mg	Leite de soja	120 mg
Couve	264 mg	Leite de arroz*	118 mg
Linhaça*	255 mg	Pão de centeio integral	115 mg
Avelã	249 mg	Cacau em pó	112 mg

COMO GARANTIR AS VITAMINAS?

Os legumes, as frutas e os cereais são, por excelência, fontes de vitaminas. Se forem frescos, biológicos, germinados e pouco processados, serão ainda mais benéficos. Um cardápio variado que inclua sopas, saladas, frutas da época, frutas secas, smoothies, sucos e cereais irá certamente reforçar a ingestão de vitaminas.

Uma das mais mencionadas é a vitamina C, presente nos citrinos e com alta concentração em alimentos como a salsa, o pimentão, o agrião, a couve, o kiwi e a papaia.

Vitaminas do complexo B podem ser encontradas, sobretudo, nos leites vegetais, na levedura de cerveja, no gérmen de trigo, nas sementes, nas oleaginosas, nas frutas secas e nas verduras. O ácido fólico encontra-se em teor elevado na levedura de cerveja, nas lentilhas e no quiabo. As vitaminas A, D, E e K, solúveis em gordura, são fornecidas pelas oleaginosas e sementes (em especial, pela linhaça), pelo abacate, pelo azeite, pelas manteigas e pelos óleos vegetais.

Seguindo uma alimentação vegana variada e enriquecida, obtemos as vitaminas essenciais. Contudo, quando a carne e o peixe são excluídos e há um consumo reduzido de ovos ou queijo, é necessário um cuidado adicional para que não ocorra carência de vitamina B12. Essa vitamina (cobalamina) é rara no reino vegetal, mas essencial para o correto funcionamento do nosso sistema nervoso e imunológico.

Na dieta vegana é preciso assegurar a adequada ingestão de vitamina B12 através de suplementação médica ou da escolha criteriosa de alimentos fortificados (como cereais e leites vegetais enriquecidos, em que a B12 seja adicionada). Esses dois métodos – o consumo de alimentos enriquecidos e de suplementos – permitem suprir as necessidades de vitamina B12, cujas quantidades são avaliadas em função da idade. É insuficiente ingerir alimentos com valores residuais de B12 (como a levedura de cerveja, o missô ou o tempeh) ou usar algas com análogos de B12 (como a spirulina ou a clorela).

São comercializados vários alimentos enriquecidos com vitamina B12. Um litro de leite de soja fortificado pode até exceder a dose diária recomendada para um adulto (2,4 mcg). Durante a gravidez e o aleitamento, as necessidades de B12 aumentam, sendo muito importante confirmar se as mães e os bebês veganos estão ingerindo quantidades adequadas de vitaminas B12 e D. A vitamina D auxilia a fixação da cobalamina, sendo obtida através de alimentos fortificados e da exposição à luz solar.

DDR Vitaminas

	Vit B12	Vit C
1 - 3 anos	0,9 mcg	15 mg
4 - 8 anos	1,2 mcg	25 mg
9 - 13 anos	1,8 mcg	45 mg
14 - 18 anos	2,4 mcg	65 a 75 mg
+ de 18 anos (HOMEM)	2,4 mcg	90 mg
+ de 18 anos (MULHER)	2,4 mcg	75 mg
Gravidez	2,6 mcg	85 mg
Aleitamento	2,8 mcg	120 mg

Vitamina C – principais fontes de origem vegetal

(POR 100 G DE ALIMENTO COZIDO OU PRONTO PARA O CONSUMO)

Salsa	220 mg	Suco de limão	56 mg
Pimentão	90 mg	Morango	47 mg
Agrião	77 mg	Couve-flor	45 mg
Kiwi	72 mg	Nectarina	37 mg
Papaia	68 mg	Brócolis ramoso	35 mg
Repolho	67 mg	Espinafre	35 mg
Coentro	63 mg	Tangerina	32 mg
Couve-de-bruxelas	60 mg	Framboesa	30 mg
Couve	58 mg	Canela em pó	28 mg
Couve-portuguesa	58 mg	Melão-cantalupo	26 mg
Repolho roxo	57 mg	Batata-doce	25 mg
Laranja	57 mg	Manga	23 mg

COMO GARANTIR OS ÁCIDOS GRAXOS ESSENCIAIS?

Ao optar por refeições 100% veganas, reduzimos as gorduras saturadas e incluímos gorduras mais saudáveis. Os lipídios têm um papel importante no corpo, como fonte e reserva de energia, proteção térmica e "transporte" de vitaminas. Porém, tendemos a ingerir alimentos processados com gorduras prejudiciais, que contribuem para o aumento dos níveis de colesterol nocivo, excesso de peso, problemas cardiovasculares e vários tipos de câncer.

As gorduras saturadas encontram-se na carne, nos laticínios, no coco e no óleo de palma; as gorduras insaturadas (monoinsaturadas e polinsaturadas) estão presentes no azeite e nos demais óleos vegetais. São consideradas essenciais as gorduras insaturadas que possuem ácidos graxos ômega 3 (ácido alfa-linoleico) e ômega 6 (ácido linoleico) em boa proporção; a chave para uma boa saúde e a prevenção de doenças cardiovasculares reside no correto equilíbrio entre esses dois ácidos.

Alguns alimentos usados na culinária vegana apresentam alta concentração de ômega 3 (muitíssimo superior à encontrada no peixe), como é o caso da linhaça, das sementes de chia e de cânhamo. São igualmente boas fontes de ômega 3 e ômega 6 as avelãs, as beldroegas e os óleos de linhaça, de avelã, de nozes e de cânhamo. Com um teor reduzido de ômega 3 e maior de ômega 6, temos alimentos como o tofu, as bebidas de soja, as sementes de abóbora e de girassol, as frutas secas, o azeite e o abacate.

As quantidades diárias recomendadas são baixas, sendo mais elevadas para os homens do que para as mulheres. Uma forma simples de assegurar ácidos graxos essenciais é utilizar azeite de boa qualidade na preparação culinária e adicionar linhaça em sopas, smoothies, *snacks* e sobremesas. Esses alimentos são também excelentes fontes de proteína, cálcio e ferro.

Ômega 3 e 6 – sugestões para uma ingestão balanceada

- Consuma diariamente linhaça moída, sementes de chia ou de cânhamo.
- Use óleo de avelã, de nozes ou de cânhamo como tempero, em pequenas doses.
- Opte por azeite de boa qualidade na preparação culinária, e evite óleos refinados.
- Reforce o consumo de avelãs, nozes e nozes-pecãs.
- Inclua abacate em saladas, homus ou smoothies.
- Consuma beldroegas em sopas e refogados.
- Evite alimentos processados, com excesso de sal, açúcar e gordura.

DDR Ômega 3 e Ômega 6

	Ômega 3	Ômega 6
1 - 3 anos	0,7 g	7 g
4 - 8 anos	0,9 g	10 g
9 - 13 anos	1,0 a 1,2 g	10 a 12 g
14 - 18 anos	1,1 a 1,6 g	11 a 16 g
+ de 18 anos (HOMEM)	1,6 g	17 g
+ de 18 anos (MULHER)	1,1 g	12 g
Gravidez	1,4 g	13 g
Aleitamento	1,3 g	13 g

Ômega 3 – principais fontes de origem vegetal

(POR 100 G DE ALIMENTO PRONTO PARA O CONSUMO)

Óleo de avelã** *(1 c. sopa)*	11,3 g	Óleo de nozes** *(1 c. sopa)*	1,8 g
Óleo de linhaça** *(1 c. sopa)*	7,5 g	Sementes de chia* *(1 c. sopa)*	1,7 g
Óleo de cânhamo** *(1 c. sopa)*	2,3 g	Sementes de cânhamo** *(1 c. sopa)*	0,6 g
Linhaça moída* *(1 c. sopa)*	2,3 g	Avelãs (½ xíc.)*	1,6 g

COMO ESCOLHER OS HIDRATOS DE CARBONO?

Há uma ampla gama de hidratos de carbono que ajudam a suprir as necessidades energéticas, mas nem todos são considerados saudáveis, pela maneira como são absorvidos e digeridos.

A cozinha vegana privilegia os hidratos de carbono complexos, de absorção lenta, ricos em nutrientes e que prolongam a sensação de saciedade. São boas fontes de hidratos de carbono complexos os cereais integrais (aveia, arroz, quinoa, triguilho, painço, amaranto, cuscuz, centeio, espelta, pão, torradas e massas), as leguminosas secas (feijão, grão-de-bico, lentilhas e favas), hortaliças e tubérculos (batata-doce, beterraba, couve-flor etc.) e algumas frutas secas e amiláceos (amêndoa, castanha etc.). A fibra presente nesses alimentos reduz a absorção de gorduras e colesterol no trato gastrointestinal, e auxilia o corpo a usar a energia de forma lenta e gradual, adiando a sensação de fome.

As frutas constituem uma fonte saudável de hidratos de carbono de absorção rápida, pois além de energia, fornecem vitaminas, minerais, água e diversos fitonutrientes e antioxidantes. Os hidratos de absorção rápida que fornecem as chamadas "calorias vazias" (de que são exemplo, o açúcar branco, os doces de confeitaria e os refrigerantes) devem ser evitados numa alimentação equilibrada e saudável.

Hidratos de carbono – sugestões para uma ingestão balanceada

- Evite consumir o mesmo cereal e derivados ao longo do dia (o trigo sob diferentes formas, massas, pão, torradas, biscoitos etc.).
- Diversifique os cereais e combine farinhas diferentes na preparação culinária.
- Reduza o açúcar e substitua-o por açúcar mascavo (claro ou escuro), açúcar de coco ou geleias naturais.
- Não adoce as bebidas.
- Acompanhe frutas com uma torrada ou galete, para que a absorção seja gradual.
- Prefira alimentos integrais e consuma regularmente leguminosas.

COMO PLANEJAR AS REFEIÇÕES?

Convém fazer entre 5 e 6 refeições ao longo do dia, de forma a não ficarmos mais do que 3h30 sem comer. Tendo em conta as recomendações gerais, e adaptando a roda dos alimentos a um regime sem produtos de origem animal, sugerimos a ingestão diária de: 3 a 5 porções de fruta; 3 a 5 porções de hortaliças; 4 a 11 porções de cereais, derivados e tubérculos; 1 a 2 porções de leguminosas; 2 a 3 porções de alimentos proteicos; 2 a 3 porções de alimentos ricos em cálcio; 1 a 3 porções de gordura de boa qualidade. Essas são indicações gerais, e devem-se ajustar os alimentos, e suas porções à idade e às necessidades calóricas individuais.

O planejamento das refeições pode ser feito de maneira descontraída, sabendo que é importante diversificar as fontes de nutrientes e assegurar os valores mínimos aconselhados. Podemos escolher alimentos frescos, de preferência orgânicos e próprios da estação do ano, plenos de vitalidade, e saborear o melhor que a natureza nos oferece.

Exemplo de Menu Diário

		Proteína	Ferro	Cálcio
CAFÉ DA MANHÃ	1 xíc. de leite de soja	9 g	1,5 mg	300 mg
	1 xíc. de granola	18 g	5,1 mg	95 mg
	1 c. sopa de linhaça moída	1,2 g	0,4 mg	18 mg
	½ copo de suco de laranja	0,4 g	0,5 mg	7,5 mg
MEIO DA MANHÃ	1 kiwi	1 g	0,2 mg	17 mg
ALMOÇO	1 sopa de ervilhas	2 g	1 mg	33 mg
	2 fatias de pão integral	5 g	0,9 mg	25 mg
	2 fatias de tofu grelhado	8,3 g	1,6 mg	130 mg
	2 folhas de alface	0,1 g	0,1 mg	0,7 mg
	1 tomate maduro	0,8 g	0,7 mg	11 mg
LANCHE	1 banana	1,6 g	0,4 mg	8 mg
	1 iogurte de soja natural	5 g	0,7 mg	120 mg
	1 c. sopa de sementes de chia	6,3 g	1,6 mg	63 mg
JANTAR	100 g de brócolis cozidos	2,8 g	1 mg	56 mg
	100 g de feijão-manteiga cozido	7,8 g	2,7 mg	50 mg
	50 g de arroz de cenoura cozido	0,9 g	0,1 mg	7,5 mg
	1 maçã	0,2 g	0,2 mg	6 mg
CEIA	1 xíc. de leite de arroz	0,6 g	0,4 mg	283 mg
TOTAL		71 g	19,1 mg	1230,7 mg
VALORES RECOMENDADOS – homem/mulher		56/46 g	8/18 mg	1000/1200 mg

Plano Semanal

(Plano de refeições para 7 dias, de caráter ilustrativo, com receitas do livro)

	2ª FEIRA	3ª FEIRA	4ª FEIRA
CAFÉ DA MANHÃ	› granola › leite vegetal › mix proteico	› mingau de aveia com cacau › frutas vermelhas › mix proteico	› smoothie de chocolate › mix proteico › torrada integral com compota de cereja
MEIO DA MANHÃ	› 1 maçã › 2 biscoitos de laranja e alfarroba	› 1 tangerina ou 1 kiwi ou 4 fisális › 1 biscoito de canela e gengibre	› 2 morangos ou 6 framboesas ou 6 mirtilos ou ½ romã › 1 biscoito de amêndoa
ALMOÇO	› creme de lentilhas e gengibre › noodles com tofu e vegetais › 1 pera	› creme de ervilhas e couve-flor › hambúrguer de quinoa › batata-doce "frita" no forno › salada arco-íris	› almôndegas de lentilhas › cuscuz com cúrcuma e frutas secas › guisado de acelgas
LANCHE	› 1 barrinha energética com chocolate amargo › 1 iogurte natural com 1 c. chá de semente de chia	› 1 scone de banana › 1 iogurte natural de soja com 1 c. chá de semente de chia	› 1 muffin de maçã e canela › 1 copo de leite vegetal com alfarroba
JANTAR	› empadão de seitan e cogumelos › salada verde › 2 morangos	› favas com quiabo › pão de milho › salada verde com tomate-cereja › uvas	› seitan com molho de amêndoa › triguilho com fruta › salteado de brócolis e aspargos com amendoim

5ª FEIRA	6ª FEIRA	SÁBADO	DOMINGO
› granola › banana › 1 iogurte natural de soja com 1 c. chá de semente de chia	› mingau de trigo-sarraceno › frutas vermelhas › mix proteico	› creme de chia com manga	› suco verde › mix proteico
› 1 caqui ou 2 maracujás ou ½ manga ou ½ papaia › 2 torradas integrais	› 1 pêssego ou 1 pera ou 2 ameixas ou 2 nêsperas	› 1 kiwi › bolinhas energéticas de figo	› panquecas de alfarroba › frutas vermelhas
› feijoada com shimeji › arroz integral ou basmati › salada verde com tomate	› sopa de feijão e urtigas › rolo de aveia com pimentão e linguiça vegetal › arroz de couve-flor › farofa de banana e abobrinha	› bolinhas de grão-de-bico e alho-poró › legumes grelhados com broa de milho › quinoa › gelatina de abacaxi	› creme de abóbora e tomate › chili › arroz basmati › salada verde › torta de pêssego
› 1 enrolado de canela e nozes › 1 copo de leite vegetal com cacau	› torrada integral com pasta de amêndoa e ervas › suco natural	› 1 muffin de abóbora e laranja › 1 iogurte natural de soja	› biscoito de aveia e tomate seco › pasta de grão-de-bico e abacate › suco natural
› 1 folhado de espinafre, cogumelos e tofu › tabule de quinoa › salada roxa › 1 pera	› creme de ervilha e couve-flor › tofu à Brás › salada verde com cenoura ralada	› trouxinha de legumes › arroz basmati com beterraba › salada verde com germinados › 1 maçã	› cogumelo Portobello recheado › purê de batata-doce e maçã verde › salada roxa

ALGUNS ALIMENTOS USADOS NA CULINÁRIA VEGANA

Seitan • **CARACTERÍSTICAS** - Produzido a partir do glúten de trigo; rico em proteínas; sem colesterol. • **COMO USAR?** - Saltear, empanar, usar em almôndegas, bolonhesa, espetinhos etc.

Tofu • **CARACTERÍSTICAS** - Produzido a partir dos grãos de soja; rico em cálcio e proteínas; sem glúten; não contém colesterol. • **COMO USAR?** - Saltear, grelhar, empanar, usar em espetinhos, recheios e pratos de forno; em smoothies e sobremesas.

Tempeh • **CARACTERÍSTICAS** - Produzido através da fermentação dos grãos de soja; rico em proteínas e ferro; sem glúten; não contém colesterol. • **COMO USAR?** - Saltear, refogar, usar em bolonhesa, chili e recheios diversos.

Quinoa • **CARACTERÍSTICAS** - Grão minúsculo originário do Peru; rico em proteínas e minerais; contém todos os aminoácidos essenciais; sem glúten. • **COMO USAR?** - Em grão, farinha ou flocos. Cozinhar os grãos como o arroz; usar em sopas, saladas e diversas receitas.

Triguilho • **CARACTERÍSTICAS** - Obtido a partir dos grãos de trigo germinados; rico em proteínas, ferro e fibra. • **COMO USAR?** - Preparar como o arroz. Usar quente ou frio, em saladas.

Geleias de arroz/milho/espelta/cevada • **CARACTERÍSTICAS** - Obtidas por processos enzimáticos a partir dos grãos dos cereais, têm baixo índice glicêmico; não contêm açúcar. • **COMO USAR?** - Em substituição ao açúcar.

Xaropes de agave/ácer • **CARACTERÍSTICAS** - Obtidos a partir da seiva do agave (cacto) ou do ácer (árvore), têm baixo índice glicêmico; não contém açúcar. • **COMO USAR?** - Em substituição ao açúcar.

Ágar-ágar • **CARACTERÍSTICAS** - Extraído de uma alga marinha, é um poderoso espessante natural; rico em cálcio e minerais. • **COMO USAR?** - Dissolver e ferver em água ou outro líquido. Usar como gelificante.

Medidas e equivalências

LÍQUIDOS (água/leite/óleo/azeite)	
1 xícara = 250 ml	1 colher de sopa = 15 ml
½ xícara = 125 ml	1 colher de sobremesa = 7,5 ml
⅔ xícara = 166 ml	1 colher de chá = 5 ml
⅓ xícara = 83 ml	1 colher de café = 2,5 ml

SÓLIDOS*	
Farinha de trigo 1 xícara = 140 g 1 colher de sopa = 10 g	*Açúcar mascavo claro* 1 xícara = 150 g 1 colher de sopa = 10 g
Farinha de arroz 1 xícara = 150 g 1 colher de sopa = 11 g	*Açúcar mascavo* 1 xícara = 175 g 1 colher de sopa = 10 g
Farinha de milho 1 xícara = 140 g 1 colher de sopa = 10 g	*Açúcar de Coco* 1 xícara = 80 g 1 colher de sopa = 5 g
Aveia 1 xícara = 90 g 1 colher de sopa = 5 g	*Ágar-ágar em flocos* 1 colher de sopa = 4 g 1 colher de sobremesa = 2 g
Cacau 1 colher de sopa = 6 g	*Margarina* colher de sopa = 14 g

* Consideram-se medidas rasas.

Café da manhã & Lanche

Sabemos o quanto o café da manhã é importante, mas por falta de tempo, organização ou oportunidade, nem sempre fazemos escolhas saudáveis. Por que não iniciar o dia com um suco energético, um creme de chia ou uma tigela de cereais enriquecidos com fruta, frutas secas e sementes, repletos de vitaminas e minerais? E a seguir preparar uma água vitaminada para beber ao longo do dia. Afinal, em poucos minutos conseguimos alternativas saborosas, nutritivas e adequadas para toda a família.

Algumas sugestões

- Beba água ou uma infusão ao acordar, e procure ingerir cerca de 1,5 a 2 litros de líquidos ao longo do dia, sobretudo, nos intervalos entre as refeições.
- Prefira água alcalina (com pH superior a 7,0), águas vitaminadas caseiras, sucos naturais, infusões de plantas ou chá.
- Se preparar suco no café da manhã, pode deixar, de véspera, os legumes e as frutas lavados; na manhã seguinte, basta triturar, agilizando o processo.
- Enriqueça os sucos de fruta adicionando uma ou duas das seguintes opções: sementes de linhaça (inteiras ou moídas), chia, cânhamo, gergelim, girassol, abóbora ou papoula; gérmen de trigo, proteína de cânhamo ou de ervilha; goji berry, fisális ou açaí; lúcuma, baobá africano, camu-camu, entre outros.
- Nos sucos verdes, combine os vegetais com maçã, pera ou banana; ficam mais doces e facilita-se a absorção dos nutrientes. Adicione (com moderação) uma das seguintes opções: spirulina, erva de trigo, erva de cevada, matcha ou clorela.
- Para preparar mingaus crus de cereais, siga os passos da receita de mingau de trigo-sarraceno (p. 40). Use flocos finos de diversos cereais: aveia, cevada, centeio, quinoa, painço ou outros.
- Experimente fazer leite vegetal caseiro (p. 43), combinando sementes e frutas secas diferentes. Pode-se tomar o leite puro ou adicionar canela em pó, cacau em pó ou farinha de alfarroba.
- Para adoçar o leite vegetal caseiro, use geleia de arroz ou de milho, xarope de agave ou de ácer, malte de cevada, maca, stevia ou outro adoçante natural.

Bebidas, Smoothies e Iogurtes

Uma forma simples de beber mais água ao longo do dia, com propriedades digestivas, diuréticas e desintoxicantes.

- 5 min.
- 6 copos
- Muito fácil

★ Rico em vitaminas C, A e do complexo B, caroteno e minerais

Águas vitaminadas

DE MORANGO, PEPINO E HORTELÃ

4 morangos

½ pepino

1 raminho de hortelã

1 limão pequeno

1,5 litro de água

DE MANGA, GOJI E LÚCIA-LIMA

½ manga ou 1 nectarina

1 c. sopa de goji berry

1 raminho de lúcia-lima fresca

1,5 litro de água

DE LARANJA, GENGIBRE E MIRTILO

1 laranja pequena

4 cm de gengibre

1 pau de canela

6 mirtilos

1,5 litro de água

DE MAÇÃ E LIMA

1 lima

1 maçã

1 raminho de alecrim ou de hortelã

1 anis-estrelado (opcional)

1,5 litro de água

1. Lave bem os ingredientes. Sem tirar a casca, corte em rodelas finas o pepino, o limão ou a laranja, dependendo da receita escolhida; corte em fatias grossas as frutas restantes, com exceção dos mirtilos. Remova a casca do gengibre e corte-o finamente.

2. Coloque os ingredientes numa jarra com 1,5 litro de água e leve à geladeira por 8 horas para adquirir sabor e aumentar as propriedades dos ingredientes. Sirva frio.

⭐ Rico em vitaminas C e A, ferro, cálcio e potássio

🕐 10 min.
🍽 4 xícaras
🍴 Muito fácil

Chá de gengibre, limão e hortelã

1. Remova a casca do gengibre e corte-o em fatias finas ou rale-o no ralador grosso. Corte o limão em fatias.

2. Ferva a água. Coloque-a num bule ou numa jarra e adicione o gengibre, as fatias de limão (ou apenas a casca), a hortelã e os paus de canela. Sirva quente ou deixe esfriar e sirva com cubos de gelo.

Tem propriedades antioxidantes, anti-inflamatórias, digestivas, diuréticas e desintoxicantes; auxilia no controle do peso. É excelente para beber durante o dia ou com as refeições.

4 cm de gengibre
1 limão
1,5 litro de água
2 raminhos de hortelã
2 paus de canela

 Rico em vitaminas C, A e do complexo B

Sangria de frutas silvestres

1 litro de suco de uva

250 ml de água gaseificada (opcional)

4 c. sopa de vinho do Porto ou licor

1 c. de sopa de açúcar mascavo (opcional)

1 limão

1 laranja

1 maçã

½ xíc. de frutas silvestres

2 paus de canela

2 raminhos de hortelã

cubos de gelo

1. Misture numa jarra o suco de uva, a água gaseificada, o vinho do Porto e o açúcar (se optar por usar).

2. Corte o limão e a laranja com a casca em pedacinhos e a maçã em pequenos cubos. Junte todos os ingredientes na jarra e guarde na geladeira por 6 a 8 horas, para adquirir sabor. Sirva com cubos de gelo.

Rico em vitaminas C e A, cálcio, proteínas, fibras, potássio e ômegas 3 e 6

5 min.
1-2 copos
Muito fácil

Smoothie de frutas vermelhas
(antioxidante)

1. Bata todos os ingredientes no liquidificador por 1 minuto ou até ficar cremoso. Sirva imediatamente ou guarde no congelador por 20 minutos e consuma como sorvete.

O leve sabor azedo das frutas vermelhas combina perfeitamente com a doçura da banana. As frutas vermelhas são ricas em antioxidantes, a linhaça contém ômega 3, e a canela tem propriedades carminativas e ativadoras do metabolismo.

1 banana madura

6 morangos

½ xíc. de frutas silvestres congeladas

1 xíc. de leite vegetal ou de água

1 c. sopa de linhaça

1 a 2 c. café de canela

5 min.
Demolhar: 10 min.
1-2 copos
Muito fácil

Rico em licopeno, vitamina A, proteínas e ferro

Smoothie de melancia e goji berry
(antioxidante e diurético)

2 c. sopa de goji berry

2 fatias de melancia

1 maçã

2 folhas de hortelã

½ xíc. de água

1. Demolhe as goji berry por 10 minutos e escorra. Bata todos os ingredientes no liquidificador por 1 minuto ou até ficar cremoso. Sirva imediatamente.

A melancia, por conter cerca de 90% de água, tem um efeito hidratante e diurético; é pobre em calorias e aumenta a sensação de saciedade. É rica em antioxidantes, tal como as goji berry, que também são uma ótima fonte de proteínas e aminoácidos essenciais.

⭐ Rico em fibras, proteínas, cálcio, ferro, vitamina A e ômegas 3 e 6

Smoothie de chocolate
(energético)

🕐 **5 min.**
Demolhar: 30 min.
🥤 **1-2 copos**
🍴 **Muito fácil**

1. Demolhe a aveia por 30 minutos e escorra. Bata todos os ingredientes no liquidificador até ficar cremoso. Consuma imediatamente.

A combinação da aveia com a banana, o cacau, o cânhamo e a linhaça faz aumentar a saciedade e a energia.

½ xíc. de flocos de aveia

1 banana

1 maçã

1 xíc. de leite vegetal ou água

1 c. sopa de farinha de alfarroba ou de cacau em pó

2 quadrados de chocolate amargo

1 c. café de canela

1 c. chá de proteína de cânhamo

1 c. sopa de gérmen de trigo

1 c. sopa de linhaça moída

1 c. chá de suco de limão

🕐 **5 min.**
🥤 **1-2 copos**
🍴 **Muito fácil**

 Rico em fibras, cálcio, ferro e vitaminas C e A

Suco verde
(detox)

2 maçãs

⅓ de pepino

2 cm de gengibre fresco

½ banana madura

2 folhas de couve ou de alface

2 raminhos de salsa

1 c. sopa de sementes de chia

1 c. sopa de suco de limão

1. Lave a maçã e os vegetais; corte o pepino em fatias (com a casca) e o gengibre (sem a casca). Bata no liquidificador com o restante dos ingredientes por 1 minuto ou até ficar cremoso. Sirva imediatamente.

A combinação de pepino, maçã, limão e gengibre tem um efeito depurativo e desintoxicante do organismo.

Rico em cálcio, proteínas, ferro, vitamina C e ômega 3

Creme de chia com manga
(cru, sem glúten)

- 5 min.
- 1-2 porções
- Muito fácil

1. Triture a manga com o iogurte, o suco de limão e a canela. Coloque numa taça ou *bowl* e misture as sementes de chia, incorporando bem. Deixe hidratar por 4 horas na geladeira (ou durante a noite) para adquirir a consistência de mousse. Sirva com sementes de romã e sementes de cânhamo descascadas ou outras sementes da sua preferência.

1 manga madura pequena
1 iogurte natural de soja ou ½ xíc. de leite vegetal
1 c. chá de suco de limão
1 c. café de canela em pó
3 c. sopa de sementes de chia
sementes de romã e de cânhamo para servir (opcional)

 10 min.
 1-2 porções
 Muito fácil

 Rico em proteínas, cálcio, ferro, vitamina C e ômegas 3 e 6

Creme de chia com fruta e aveia

1 laranja (suco)

4 c. sopa de flocos de aveia ou 3 biscoitos integrais

fruta a gosto (morangos, uvas, kiwi ou outras)

1 iogurte natural de soja

1 c. sopa de sementes de chia

½ c. café de canela em pó

1 c. de café de lúcuma ou maca (opcional)

1 c. de sopa de mix de sementes e frutas secas (p. 48)

1 c. de geleia de arroz (opcional)

1. Coloque numa taça ou num *bowl* o suco de laranja; junte os flocos de aveia ou os biscoitos esfarelados e acomode com uma colher. Adicione a fruta cortada em pedaços (por exemplo, morangos, uvas e kiwi).

2. Misture no copo do iogurte as sementes de chia, a canela e a lúcuma ou maca (se usar); espalhe sobre os pedaços de fruta. Finalize com o mix de sementes e frutas secas e a geleia. Deixe na geladeira por 2 horas (ou durante a noite) para hidratar a aveia e as sementes de chia.

Com uma textura aveludada e um sabor fresco e suave, o creme de chia e manga pode ser saboreado como sobremesa.

Rico em fibras, proteínas, ferro, fósforo, magnésio, cálcio e ômega 3

5 min.
Demolhar: 8h
1-2 porções
Muito fácil

Mingau de trigo-sarraceno
(cru, sem glúten)

1. Coloque numa taça os grãos de trigo-sarraceno, cubra com água e deixe demolhar por cerca de 6 a 8 horas (durante a noite).

2. Escorra o excesso de água e bata os grãos no liquidificador junto com o leite, a banana, a maçã, as tâmaras sem caroço, a canela e o mix proteico. Bata por 1 minuto ou até obter um creme aveludado. Coloque em 2 taças ou pratos fundos e sirva com fruta fresca a gosto.

½ xíc. de trigo-sarraceno (grãos ou flocos)

½ xíc. de leite vegetal ou 1 iogurte natural

1 banana madura

1 maçã

2 tâmaras

1 c. café de canela em pó

1 c. sopa de mix proteico (p. 48) ou linhaça moída

fruta fresca para servir

10 min.
Demolhar: 30 min.
1 porção
Muito fácil

 Rico em proteínas, ferro, fósforo, magnésio, cálcio e fibras

Mingau de aveia com cacau

½ xíc. de flocos de aveia

1 ¼ xíc. de leite vegetal

1 c. café de canela em pó

1 c. sobremesa de cacau em pó ou de farinha de alfarroba

1 pedra de sal marinho

1 banana madura ou 1 pera madura

1 c. chá de mix proteico (opcional, p. 48)

Fruta fresca a gosto para servir

1. Demolhe a aveia em água por cerca de 30 minutos e escorra.

2. Coloque numa panela os flocos de aveia, o leite, a canela, o cacau e uma pedra de sal marinho. Misture bem e junte a banana picada ou esmagada. Leve ao fogo por cerca de 5 minutos ou até engrossar. Adicione o mix proteico e mexa bem. Sirva morno com fruta fresca a gosto.

Opções rápidas, nutritivas e deliciosas para o café da manhã ou lanche.

Rico em cálcio, proteínas, ferro, magnésio e vitaminas do complexo B

Leite de amêndoa enriquecido

½ xíc. de amêndoas com pele

1 c. sopa de sementes de girassol ou gergelim

1 c. sopa de sementes de abóbora

1 maçã (opcional)

2 tâmaras sem caroço

uma pitada de canela em pó

3 xíc. de água

1. Coloque as amêndoas e as sementes num recipiente com água e deixe de molho durante 8 horas. Escorra e lave em água corrente.

2. Coloque as amêndoas e as sementes no liquidificador; junte a maçã (descascada e sem caroço), as tâmaras e a canela. Adicione 1 xícara de água e bata na velocidade máxima durante 1 minuto. Acrescente as 2 xícaras de chá de água restantes e volte a bater.

3. Coe o leite, de preferência com um coador de tecido. Se não tiver, use um pano limpo de cozinha. Conserve numa garrafa de vidro na geladeira por até 3 dias.

 Rico em cálcio, proteínas, ferro e vitaminas do complexo B

Leite de quinoa aromatizado

1. Coloque a quinoa e as tâmaras num recipiente com água e deixe demolhar durante 8 horas. Escorra com uma peneira e lave em água corrente.

2. Bata no liquidificador a quinoa com as tâmaras (sem caroço), a maçã (descascada e sem caroço), a canela e 1 xícara de água na velocidade máxima durante 1 minuto. Acrescente a outra xícara de água e volte a bater.

3. Coe o leite, de preferência com um coador de pano. Conserve na geladeira por até 3 dias.

4. Para preparar o leite "achocolatado", adicione a canela e o cacau ou farinha de alfarroba, e bata no liquidificador durante alguns segundos. Se desejar, adoce com geleia de arroz, açúcar de coco ou mascavo.

2 c. sopa de quinoa (grãos)

2 tâmaras

1 maçã pequena

1 c. café de canela

2 xíc. de água

COM CACAU OU ALFARROBA

1 c. sopa de cacau em pó ou de farinha de alfarroba

1 c. café de canela em pó

1 c. sopa de geleia de arroz (opcional)

⭐ Rico em cálcio, proteínas e probióticos

🕐 10 min.
Fermentar: 8h

🥣 8 copos

🍴 Fácil

Iogurte natural de soja
(como fazer em casa?)

1. Aqueça o leite numa panela média até a temperatura de 45 °C. Se não tiver um termômetro culinário, pode mergulhar um dedo no leite quente e contar até 10, devendo conseguir suportar a temperatura. Reserve.

2. Numa panela pequena, misture o ágar-ágar com ¼ de xícara de água e leve para ferver por 3 minutos, em fogo brando, até ficar bem dissolvido e translúcido. Despeje imediatamente a mistura no leite quente.

3. Junte o iogurte natural ou o fermento na panela e misture muito bem com um *fouet*. Remova a espuma se for abundante.

4. Distribua o líquido em copinhos ou frascos de vidro esterilizados e mexa para o ágar-ágar não assentar no fundo. Coloque as tampas nos frascos ou cubra com plástico filme.

5. Coloque na iogurteira por 8 horas para fermentar. Se não tiver um iogurteira, coloque os copos dentro do forno com a luz acesa (para manter uma temperatura constante a 40 °C) durante o mesmo período de tempo. Guarde na geladeira e consuma em até 5 dias. Pode adoçar, se desejar, e servir com fruta fresca ou granola.

NOTA: *É importante esterilizar os recipientes usados para guardar o iogurte; deve-se submergir os copos ou frascos em água fervente. Evite adicionar fruta ou açúcar no preparo do iogurte, pois isso interfere na fermentação; misture apenas no final do processo, antes de servir. Pode usar o iogurte produzido em casa para nova cultura (4 colheres de sopa para 1 litro de leite), repetindo o processo até seis vezes. A alga ágar-ágar ajuda a dar consistência ao iogurte; não adicione se pretender obter um iogurte líquido.*

1 litro de leite de soja natural (sem açúcar)

1 c. chá de ágar-ágar em flocos

1 iogurte de soja natural (sem açúcar) ou 1 embalagem de fermento para iogurte (25g de cultura de probióticos)

fruta fresca a gosto para servir

Não é preciso iogurteira para fazer iogurtes caseiros. Basta ter os ingredientes e seguir os passos da receita.

É tão bom sabermos que somos capazes de fazer os nossos próprios alimentos! Que das nossas mãos podem sair aquelas iguarias que tanto apreciamos e que julgávamos difíceis de preparar. Sim, em casa podemos preparar granola, barrinhas, panquecas, muffins e biscoitos, para termos disponíveis snacks saudáveis e deliciosos, a qualquer hora do dia.

Algumas sugestões

- Use diariamente o mix proteico, ou o mix de sementes e frutas secas, como reforço de proteínas e de minerais. Consuma preferencialmente no café da manhã ou após atividades que envolvam um grande dispêndio de energia.
- Pode-se adicionar também o mix proteico nos mingaus e sopas das crianças (a partir dos 9-12 meses).
- Pode-se substituir a farinha de trigo por farinha de espelta nas receitas de panquecas, muffins e biscoitos.
- Pode-se substituir o açúcar demerara e o açúcar mascavo pela mesma quantidade de açúcar de coco.
- Polvilhe com canela em pó sempre que desejar, para aromatizar as preparações e adicionar nutrientes a ela. A canela é uma especiaria muito rica em cálcio e ferro.
- Congele alguns muffins, enrolados ou panquecas e guarde para quando tiver menos tempo; você poderá retirar do congelador e colocá-los diretamente na lancheira, para o lanche das crianças ou para saborear no local de trabalho.
- Varie os sabores e torne os biscoitos mais nutritivos, juntando raspa de citrinos (limão, laranja, tangerina, lima), fruta seca picada (uva-passa, damasco, figo, ameixa), sementes (de abóbora, girassol, gergelim, papoula ou chia) ou oleaginosas (nozes, amendoim, pistache, avelã, amêndoa). Conserve os biscoitos em embalagens hermeticamente fechadas.

Granola, Muffins e Biscoitos

Rico em proteínas, ferro, fósforo, magnésio, cálcio e ômegas 3 e 6

Mix proteico

5 min.
18 porções
Muito fácil

1. Triture a linhaça no processador durante 1 ou 2 minutos, até obter flocos finos. Junte as sementes de abóbora, de girassol, de gergelim e de chia e triture por alguns segundos. Adicione o gérmen de trigo e as sementes de cânhamo descascadas e misture. Triture mais alguns segundos, se preferir que o mix fique em pó.

2. Guarde num frasco de vidro (de preferência, escuro) com tampa e mantenha na geladeira por até 2 semanas, para conservar as propriedades nutricionais. Pode ser consumido nos cereais do café da manhã, em iogurtes e smoothies, ou integrar várias receitas, como panquecas, pão e sobremesas.

3 c. sopa de linhaça

3 c. sopa de sementes de abóbora

3 c. sopa de sementes de girassol

3 c. sopa de sementes de gergelim

2 c. sopa de sementes de chia

2 c. sopa de gérmen de trigo (opcional)

2 c. sopa de sementes de cânhamo descascadas (opcional)

5 min.
10 porções
Muito fácil

 Rico em proteínas, ferro, zinco, cálcio e antioxidantes

Mix de sementes e frutas secas

3 c. sopa de sementes de gergelim

3 c. sopa de sementes de abóbora

3 c. sopa de sementes de girassol

2 c. sopa de amêndoas

2 c. sopa de castanhas-de-caju ou macadâmias

2 c. sopa de nozes

2 c. sopa de pinhões

3 c. sopa de uvas-passas

2 c. sopa de cranberries

2. c. sopa de goji berry

1. Numa frigideira antiaderente (sem adicionar gordura), toste as sementes de gergelim, em fogo brando, durante 1 ou 2 minutos, até dourarem e emitirem pequenos estalidos. Retire da frigideira e reserve.

2. Adicione as sementes restantes, bem como as amêndoas, as castanhas-de-caju e as nozes, picadas grosseiramente, e por fim os pinhões. Deixe tostar durante cerca de 2 minutos, mexendo para não queimar.

3. Junte as uvas-passas, as cranberries e as goji berry, inteiras ou picadas. Use no iogurte, nos cereais do café da manhã ou para polvilhar em saladas, no arroz ou no cuscuz.

Mix proteico, rico em minerais e ômega 3. Consuma 1 a 2 colheres de sopa por dia.

Rico em proteínas, ferro, zinco, magnésio, cálcio e antioxidantes

25 min.
800 g
Muito fácil

Granola crocante
(sem açúcar)

1. Pique as amêndoas e as avelãs grosseiramente, com uma faca afiada.

2. Num recipiente, misture as amêndoas e as avelãs picadas, os flocos de aveia e de centeio, o coco, as sementes e a canela. Adicione o óleo e a geleia e misture bem.

3. Forre uma fôrma com papel vegetal. Distribua a mistura e leve ao forno preaquecido a 150 °C por cerca de 20 minutos. Mexa na metade do tempo para não queimar e para dourar uniformemente.

4. Retire do forno e misture as uvas-passas, as goji berry e as cranberries picadas. Deixe esfriar e guarde num frasco com tampa, por até 3 semanas.

Pode servir com leite, iogurte ou fruta, no café da manhã ou no lanche.

NOTA: *Para variar o sabor, adicione 1 colher de sopa de farinha de alfarroba ou de chocolate amargo picado antes de juntar os ingredientes líquidos e levar ao forno. Para a versão sem glúten, use flocos de aveia sem glúten ou de quinoa.*

½ xíc. de amêndoas e avelãs

2 xícs. de flocos de aveia

½ xíc. de flocos de centeio ou cevada

4 c. sopa de coco ralado

4 c. sopa de sementes de abóbora

4 c. sopa de sementes de girassol

1 a 2 c. café de canela em pó

4 a 6 c. sopa de óleo de girassol ou de óleo de coco derretido

4 c. sopa de geleia de arroz ou de xarope de agave ou de ácer

4 c. sopa de uvas-passas

2 c. sopa de goji berry

2 c. sopa de cranberries

⊛ Rico em proteínas, ferro, cálcio, potássio e fibras

🕐 10 min.
◇ 4 un.
🍴 Muito fácil

Barrinhas energéticas com chocolate amargo

(cru, sem açúcar)

1. Triture as amêndoas ou avelãs no processador por alguns segundos, até obter um pó granulado. Junte o chocolate amargo picado e as tâmaras, e triture mais um pouco. Adicione a aveia, o coco e a canela, e triture durante mais alguns segundos, até obter uma mistura granulada e úmida. Se achar necessário, adicione leite vegetal ou água para umedecer.

2. Forre o fundo de uma fôrma retangular com plástico filme. Despeje a mistura, cubra com o filme e prense com a palma da mão. Guarde na geladeira e corte as barrinhas do tamanho que desejar. Consuma em até 7 dias.

½ xíc. de amêndoas ou de avelãs com pele

1 quadrado de chocolate amargo picado ou 2 c. sopa de cacau

14 tâmaras sem caroço

½ xíc. de flocos de aveia

½ xíc. de coco ralado

1 c. chá de canela em pó

1 c. sopa de leite vegetal ou água (opcional)

⏲ 5 min.
🌐 12 un.
🍴 Muito fácil

★ Rico em cálcio, proteínas, ferro, potássio e fósforo

Bolinhas energéticas de figo

(cru, sem açúcar)

10 figos secos

10 tâmaras sem caroço

1 c. sopa de goji berry

½ xíc. de amêndoa ralada ou de coco ralado

1 c. chá de canela em pó

½ limão (raspas)

canela, farinha de alfarroba ou coco ralado para envolver

1. Corte os figos em pedaços; se estiverem muito secos, passe-os em água.

2. Triture no processador os figos, as tâmaras e as goji berry durante alguns segundos, até obter uma mistura úmida e granulada. Junte a amêndoa ralada, a canela e as raspas de limão, e triture mais um pouco até formar uma pasta. Molde bolinhas e passe-as na canela, na farinha de alfarroba ou no coco ralado. Manter na geladeira por até 15 dias.

★ Rico em cálcio, proteínas, ferro, potássio e ômegas 3 e 6

🕐 40 min.
🧁 12 un.
🍴 Fácil

Panquecas de alfarroba

1. Bata no liquidificador o leite, a banana, a aveia, a farinha, a alfarroba, a linhaça, as sementes de chia, a manteiga, a canela, o fermento, o sal e a geleia (se usar) até obter uma massa homogênea. Deixe repousar por 20 minutos.

2. Aqueça em fogo médio uma frigideira antiaderente untada com azeite. Coloque 1 colherada de massa e alise com as costas da colher fazendo movimentos circulares. Deixe fritar por 1 minuto de cada lado, até dourar, virando com uma espátula; repita até terminar a massa.

3. Prepare a calda de alfarroba. Numa panela, misture bem o leite, a farinha de alfarroba e a canela. Leve ao fogo brando até começar a ferver e engrossar, por cerca de 2 minutos. Adicione a geleia de arroz e mexa. Regue as panquecas com a calda quente e sirva com fruta fresca e nozes-pecãs.

1 ½ xíc. leite vegetal

½ banana

½ xíc. de flocos de aveia

½ xíc. de farinha de trigo ou de espelta

1 a 2 c. sopa de farinha de alfarroba ou de cacau

1 c. sopa de linhaça moída

1 c. sopa de sementes de chia

1 c. sopa de margarina

1 c. sopa de geleia de milho (opcional)

1 c. café de canela em pó

1 c. café de fermento em pó

uma pitada de sal

azeite q. b.

CALDA DE ALFARROBA

¼ xíc. de leite

1 c. sopa de farinha de alfarroba

½ c. café de canela em pó

1 a 2 c. sopa de geleia de arroz ou xarope de agave

fruta fresca e nozes para servir

- 35 min.
- 10-12 un.
- Médio

Rico em cálcio, proteínas, potássio e fibras

Scones de banana
(sem açúcar)

1 xíc. de farinha de trigo ou de espelta

1 xíc. de farinha de trigo integral

½ xíc. de farinha de milho

1 c. sopa de canela

1 c. chá de fermento

1 limão grande (raspas + 1 c. sopa de suco)

6 c. sopa de margarina + 1 pouco para pincelar

1 banana grande

4 c. sopa de geleia de arroz ou xarope de agave

1 c. café de extrato de baunilha (opcional)

1 c. sopa de linhaça moída

1 a 2 c. sopa de leite vegetal (se necessário)

½ xíc. de mirtilos e framboesas (opcional)

1. Num recipiente, misture as farinhas, a canela, o fermento e as raspas de limão. Adicione a manteiga cortada em pedaços e misture bem com uma colher ou com as mãos, até obter uma massa esfarelada.

2. Num prato, esmague a banana com um garfo. Adicione a geleia de arroz, o suco de limão, o extrato de baunilha (se usar) e a linhaça moída e misture bem com o garfo.

3. Junte o preparado da banana às farinhas e misture bem, formando uma bola de massa. Se necessário, acrescente o leite para obter a consistência certa. Evite mexer demais, para que a massa se mantenha fofa.

4. Se optar por adicionar mirtilos e framboesas, corte as frutas maiores ao meio e insira-as gentilmente na massa.

5. Numa superfície forrada com papel vegetal, estique a massa até ficar com 2,5 cm de espessura, usando o rolo. Corte 10 a 12 *scones* com o cortador de biscoitos ou com um copo. Coloque-os numa fôrma forrada com papel vegetal. Pincele os *scones* com manteiga derretida.

6. Leve ao forno preaquecido a 180 °C por cerca de 18 a 20 minutos. Deixe esfriar em cima de uma grelha ou sirva os *scones* mornos polvilhados com canela e acompanhados de compota.

⭐ Rico em hidratos de carbono, proteínas, ferro, cálcio, potássio e fósforo

Enrolados de canela e nozes

🕐 40 min.
Levedar: 1h
10-14 un.
🍴 Médio

1. Num recipiente, misture as farinhas, o açúcar, a linhaça e o fermento esfarelado.

2. Amorne o leite e dissolva bem o sal. Derreta a manteiga ou o óleo de coco e junte ao leite.

3. Junte a mistura das farinhas aos líquidos e amasse bem até obter uma massa homogênea e lisa. Pode recorrer à máquina de pão para amassar. Junte um pouco mais de farinha, se precisar. Faça uma bola de massa e cubra com um pano. Deixe crescer por cerca de 30 minutos, dentro do forno (desligado) ou num local livre de correntes de ar até duplicar de volume.

4. Prepare o recheio. Numa panela, leve ao fogo a manteiga, o xarope de agave e a canela; misture bem, sem deixar ferver.

5. Estique a massa com um rolo numa superfície de trabalho polvilhada com farinha ou forrada com papel vegetal. Abra um retângulo de massa com cerca de 40 cm x 30 cm. Pincele com o recheio de canela e espalhe as nozes picadas.

6. Enrole a massa, começando da parte mais larga, formando um rolo comprido. Corte 12 fatias com cerca de 3 cm cada, com uma faca larga e afiada. Coloque-as numa fôrma forrada com papel vegetal e deixe crescer por mais 30 minutos.

7. Aqueça o forno a 180 °C e deixe assar por cerca de 20 minutos. Pincele com xarope de agave depois de retirar do forno, se desejar. Deixe esfriar em cima de uma grelha ou sirva morno com compota sem açúcar.

NOTA: *Pode-se preparar a receita em forma de rosca; basta colocar as fatias lado a lado e formar um círculo, antes de levar ao forno.*

2 xíc. de farinha de trigo sem fermento (tipo 65)

1 xíc. de farinha de trigo integral ou de espelta

2 c. sopa de açúcar mascavo ou de coco

1 c. sopa de linhaça moída

25 g de fermento fresco

1 xíc. de leite vegetal

1 c. chá de sal

4 c. sopa de margarina ou de óleo de coco derretido

RECHEIO

2 c. sopa de margarina

3 c. sopa de xarope de agave ou açúcar mascavo

2 c. sopa de canela em pó

½ xíc. de nozes picadas

Com maçã e sem açúcar, estes muffins são muito práticos para o lanche das crianças.

- 45 min.
- 10-12 un.
- Fácil

⭐ Rico em fibras, hidratos de carbono e vitaminas A, E e do complexo B

Muffins de maçã e canela
(sem açúcar)

2 maçãs doces grandes + 1 pequena para decorar

2 c. sopa de óleo de girassol ou óleo de coco

6 c. sopa de geleia de arroz ou xarope de agave

1 c. café de extrato de baunilha

1 c. sopa de linhaça moída (opcional)

1½ xíc. de farinha de espelta ou de farinha de trigo

1 c. sobremesa de canela

1 c. sobremesa de fermento

1 c. café de bicarbonato de sódio

½ limão (raspas)

1. Descasque 2 maçãs e corte-as em fatias finas; cozinhe com 1 colher de sopa de água numa panela com tampa, em fogo brando, por cerca de 15 a 20 minutos. Triture até obter um creme aveludado e deixe esfriar.

2. Coloque o creme de maçã frio num recipiente (cerca de 1 xícara). Adicione o óleo, a geleia de arroz, o extrato de baunilha, a linhaça, a farinha, a canela, o fermento, o bicarbonato de sódio e as raspas de limão, mexendo entre cada adição com um *fouet*.

3. Corte a maçã pequena em fatias finas e reserve.

4. Forre fôrmas de muffins com forminhas de papel. Encha até ²/₃ com a massa e coloque na superfície 2 ou 3 fatias de maçã (cortadas ao meio, se necessário). Leve ao forno preaquecido a 180 °C por cerca de 18 a 20 minutos. Deixe esfriar sobre uma grade de metal. Sirva os muffins polvilhados com canela.

Rico em caroteno, hidratos de carbono, lipídios e vitamina C

🕐 45 min.
🧁 20 un.
🍴 Fácil

Muffins de abóbora e laranja

1. Raspe a laranja e retire o suco. Corte a abóbora em pequenos cubos e cozinhe-os com 1 pau de canela e o suco da laranja, numa panela com tampa, em fogo brando, por cerca de 15 a 20 minutos. Retire o pau de canela e triture até obter um creme aveludado; deixe esfriar.

2. Coloque o purê de abóbora frio num recipiente (cerca de 2 xícaras). Adicione o óleo, o açúcar, a farinha, o coco, a linhaça, a canela, o fermento, o bicarbonato de sódio e as raspas de laranja, mexendo com o *fouet* entre cada adição.

3. Forre fôrmas de muffins com forminhas de papel e encha até ⅔ com a massa. Leve ao forno preaquecido a 180 °C por cerca de 20 minutos. Deixe esfriar sobre uma grade de metal.

1 laranja grande (raspas e suco)

500 g de abóbora

1 pau de canela

½ xíc. de óleo de girassol ou ⅓ xíc. de óleo de coco ou de azeite

1 xíc. de açúcar mascavo

1 xíc. de farinha de trigo

½ xíc. de farinha de trigo integral

½ xíc. de coco ralado

2 c. sopa de linhaça moída dourada

1 c. café de canela em pó (opcional)

1 c. sobremesa de fermento em pó

1 c. café de bicarbonato de sódio

⏱ 40 min.
🍪 30 un.
🍴 Fácil

⭐ Rico em cálcio, proteínas, magnésio, hidratos de carbono e lipídios

Biscoitos de amêndoa

½ xíc. de amêndoa moída

1 xíc. de farinha de trigo

1 xíc. de farinha de trigo integral ou de espelta

½ xíc. de açúcar mascavo

1 c. chá de canela

⅓ c. café de sal

6 c. sopa de margarina

6 c. sopa de água

amêndoas inteiras para decorar

1 c. sopa de xarope de agave ou geleia de arroz para pincelar (opcional)

1. Num recipiente, misture a amêndoa moída, as farinhas, o açúcar, a canela e o sal. Junte a manteiga à temperatura ambiente e 6 colheres de sopa de água; misture bem com uma colher e molde uma bola de massa com as mãos. Envolva em plástico filme e deixe repousar na geladeira por 20 minutos.

2. Forre uma assadeira com papel vegetal. Molde bolinhas de massa e achate-as. Disponha-as na assadeira e coloque uma amêndoa inteira em cada biscoito, pressionando ligeiramente. Pincele com o xarope de agave para obter um efeito brilhante.

3. Leve ao forno preaquecido a 180 °C por cerca de 12 a 15 minutos. Deixe esfriar em cima de uma grelha e guarde num recipiente fechado.

Rico em hidratos de carbono, ferro, cálcio, fósforo e vitaminas do complexo B

Biscoitos de canela e gengibre

40 min.
24 un.
Fácil

1. Num recipiente, misture as farinhas, o açúcar, a canela, o gengibre e o fermento. Junte o óleo e o leite; misture bem com uma colher e molde uma bola de massa com as mãos. Envolva em plástico filme e deixe repousar na geladeira por 20 minutos.
2. Coloque a massa numa superfície de trabalho sobre uma folha de papel vegetal; cubra com o plástico filme e estenda com o rolo até obter uma espessura fina. Recorte os biscoitos com um cortador. Transfira com cuidado para uma assadeira forrada com papel vegetal.
3. Leve ao forno preaquecido a 180 °C por 10 a 12 minutos. Deixe esfriar e conserve num recipiente fechado.

½ xíc. de farinha de trigo

½ xíc. de farinha de trigo integral ou de espelta

4 c. sopa de açúcar mascavo

2 c. chá de canela em pó

1 c. chá de gengibre em pó

1 c. café de fermento em pó

4 c. sopa de óleo

3 c. sopa de leite vegetal ou água

40 min.
30 un.
Fácil

Rico em hidratos de carbono, ferro, cálcio e vitaminas do complexo B

Biscoitos de alfarroba e laranja

(sem glúten)

½ xíc. de farinha para bolos sem glúten

½ xíc. de coco ralado

2 c. sopa de sêmola de milho

1 c. sopa de farinha de alfarroba

3 c. sopa de açúcar mascavo ou de coco

1 c. chá de canela

1 c. café de bicarbonato de sódio

⅓ c. café de sal

1 laranja (raspas)

1 c. sopa de linhaça moída

5 c. sopa de água quente

2 c. sopa de óleo

1. Num recipiente, misture a farinha, o coco, a sêmola, a alfarroba, o açúcar, a canela, o bicarbonato, o sal e as raspas de laranja.
2. Numa xícara, bata com uma colher a linhaça com a água quente, obtendo uma goma; misture o óleo. Coloque a goma no recipiente das farinhas, mexa bem e molde uma bola de massa com as mãos. Envolva em plástico filme e deixe repousar na geladeira por 20 minutos.
3. Siga os passos 2 e 3 da receita acima.

★ Rico em fibras, proteínas, ferro, magnésio e cálcio

 30 min.
 14 un.
 Fácil

Biscoitos de cranberries e chocolate
(sem açúcar)

1. Coloque num recipiente a linhaça com a água quente e bata com uma colher até obter uma goma. Junte a manteiga de amendoim, o leite, a geleia e o extrato de baunilha; misture bem.

2. Em outro recipiente, misture a farinha, a aveia, a canela, o fermento e o sal. Despeje a mistura dos ingredientes secos no recipiente dos líquidos. Acrescente as cranberries picadas e o chocolate cortado em pedacinhos.

3. Retire porções de massa com uma colher e disponha-as uma assadeira forrada com papel vegetal; achate com um garfo. Leve ao forno preaquecido a 180 °C por 15 a 17 minutos. Deixe esfriar sobre uma grelha e guarde num recipiente fechado.

2 c. sopa de linhaça moída

4 c. sopa de água quente

2 c. sopa de manteiga de amendoim ou de margarina

2 c. sopa de leite vegetal

6 c. sopa de geleia de arroz ou de xarope de agave

1 c. café de extrato de baunilha (opcional)

½ xíc. de farinha de trigo integral ou de espelta

½ xíc. de flocos de aveia finos

1 c. café de canela

1 c. chá de fermento em pó

⅓ c. café de sal

2 c. sopa de cranberries ou uvas-passas

1 quadrado de chocolate amargo (20 g)

- 40 min.
- 20 un.
- Fácil

★ Rico em fibras, hidratos de carbono, proteínas, fósforo e potássio

Biscoitos de aveia e tomate seco

½ xíc. de farinha de trigo ou de espelta

½ xíc. de flocos de aveia finos

1 c. sopa de tomate seco

1 c. café de sal

½ c. café de alho em pó

1 c. café de manjericão em pó

½ c. café de orégano em pó

1 c. sopa de azeite

¼ xíc. de água

1. Coloque num recipiente a farinha, a aveia, o tomate seco picado finamente, o sal, o alho, o manjericão e o orégano. Adicione o azeite e a água, misture bem com uma colher e molde uma bola de massa com as mãos. Envolva em plástico filme e deixe repousar na geladeira por 20 minutos.

2. Coloque a massa numa superfície de trabalho forrada com plástico filme; cubra com mais filme e estenda a massa com o rolo até ficar bem fina. Recorte os biscoitos com um cortador. Transfira com cuidado para uma assadeira forrada com papel vegetal.

3. Leve ao forno preaquecido a 180 °C por 10 a 12 minutos. Deixe esfriar e conserve num recipiente fechado.

69

O que preparar para um almoço rápido ou para a entrada de um jantar especial? Na verdade, podemos preparar pratos idênticos para ambas as ocasiões e congelar para quando não sobrar tempo para cozinhar. É possível retirar o máximo de proveito dos vegetais, das leguminosas e das frutas secas, incluindo-os como fontes importantes de proteínas, vitaminas e minerais.

Algumas sugestões

- Inove e não resista a ingredientes menos habituais, como as urtigas, o aipo, o gengibre, o abacate ou a beterraba.
- Podem-se usar plantas selvagens, em pequenas quantidades, no preparo de sopas. Folhas de urtiga e de dente-de-leão, acelgas selvagens ("catacuzes") ou plantagos ("língua-de-ovelha") são excelentes opções para sopas. Escolha folhas jovens e tenras, de áreas que não contenham dejetos, poluição e pesticidas.
- Podem-se bater as sopas no liquidificador, na função pulsar, para eliminar fibras mais resistentes (como as do gengibre) e obter cremes aveludados.
- As especiarias e ervas aromáticas secas, além de intensificarem o sabor dos pratos e auxiliarem na redução do sal, são muito ricas em minerais, em particular ferro e cálcio. De todas, sobressaem o tomilho, o manjericão, o gengibre, a cúrcuma e a pimenta-do-reino. Estas duas últimas, quando usadas em conjunto, têm um efeito anticancerígeno.
- O alho fresco esmagado, o gengibre em pó e a raiz de gengibre também auxiliam nos processos antiangiogênese e anti-inflamatórios.
- As frutas secas (amêndoas, avelãs, pinholes, castanhas-de-caju, nozes, amendoins etc.) são fontes valiosas de proteínas, cálcio, ferro, zinco e magnésio, daí constarem em várias receitas, como reforço de nutrientes.
- Experimente usar creme de vinagre balsâmico, mas com moderação. Encontrado em lojas especializadas, esse creme confere um sabor agridoce delicado e proporciona uma decoração requintada aos pratos.

Entradas e Refeições Leves

O creme de lentilhas e gengibre é excelente em situações de convalescença ou de grande dispêndio de energia.

30 min.

4 porções

Muito fácil

Rico em proteínas, cálcio, potássio, ferro, fósforo e vitamina C

Creme de ervilhas e couve-flor

3 xíc. de ervilhas congeladas

200 g de couve-flor

1 nabo

1 cebola

2 dentes de alho

2 raminhos de coentro ou de aipo

1 c. chá de sal marinho

1 c. sobremesa de cúrcuma

750 ml de água

azeite q. b.

creme de leite vegetal, pimenta-do-reino e hortelã para servir

1. Lave e corte os legumes em pedaços.

2. Coloque numa panela as ervilhas, a couve-flor, o nabo, a cebola, o alho, o coentro, o sal, a cúrcuma e a água. Leve para cozinhar por cerca de 25 minutos. Apague o fogo, junte um fio de azeite e bata no liquidificador até obter um creme aveludado.

Sirva com um fio de creme de leite vegetal, pimenta-do-reino e folhinhas de hortelã.

Rico em proteínas, ferro, magnésio, betacaroteno, ácido fólico e vitaminas do complexo B

30 min.

4 porções

Muito fácil

Creme de lentilhas e gengibre

1. Lave as lentilhas e escorra; descasque as cenouras e o gengibre e corte-os em rodelas.

2. Coloque numa panela as lentilhas, a cenoura, o gengibre, o sal e a água. Cozinhe por cerca de 25 minutos. Apague o fogo, junte um fio de azeite e bata no liquidificador até obter um creme aveludado.

Sirva com um fio de leite de coco e cebolinha picada.

½ xíc. de lentilhas vermelhas

500 g de cenoura

10 a 20 g de gengibre

1 c. chá de sal marinho

750 ml de água

azeite q. b.

leite de coco e cebolinha para servir

25 min.
 2 porções
 Muito fácil

★ Rico em vitaminas A, C e do complexo B, licopeno e ferro

Creme de abóbora e tomate

1. Lave, retire a pele e corte o tomate em pedaços; corte a abóbora em cubinhos; esmague o alho.

2. Leve ao fogo uma panela com um fio de azeite e salteie o alho por alguns segundos. Junte o tomate, a abóbora e o manjericão (reserve algumas folhas); deixe cozinhar por cerca de 15 minutos com a panela tampada. Acrescente a água e o sal e deixe cozinhar por mais 5 minutos. Apague o fogo e bata no liquidificador até obter um creme aveludado.

Sirva com croûtons, orégano, pimenta-do-reino e as folhas de manjericão que reservou.

600 g de tomates maduros
300 g de abóbora
4 dentes de alho
1 ramo de manjericão
400 ml de água
1 c. chá de sal
azeite q. b.
orégano e pimenta-do-reino q. b.
croûtons para servir

Rico em proteínas, ferro e vitaminas A e do complexo B

Sopa de feijão e urtigas

1 maço de urtigas ou de beldroegas (100 g)

1 xíc. de feijão-branco cozido ou de feijão-manteiga

1 cebola

2 dentes de alho

1 tomate maduro

1 cenoura

1 nabo

750 ml de água

1 c. sopa de quinoa (opcional)

1 c. chá de sal

azeite q. b.

croûton, coentro, cominho e pimenta-do-reino para servir

1. Separe as folhas de urtiga, lave e escorra (manuseie sempre as urtigas com luvas).

2. Escorra o feijão (se usar feijão em conserva, passe em água corrente). Corte a cebola em tirinhas e pique o alho e o tomate; corte a cenoura e o nabo em cubinhos.

3. Aqueça uma panela com um fio de azeite e refogue o alho e a cebola. Junte o tomate, o feijão, a cenoura e o nabo, mexendo por 4 minutos. Adicione a água, a quinoa (se usar) e o sal; tampe e deixe cozinhar por 15 a 20 minutos. Adicione as folhas de urtiga 3 minutos antes de apagar o fogo.

Sirva com croûtons, coentro picado e uma pitada de cominho e pimenta-do-reino.

Pode-se usar em torradas e sanduíches ou como guarnição de vegetais.

5 min.
4 porções
Muito fácil

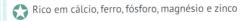
Rico em cálcio, ferro, fósforo, magnésio e zinco

Pasta de amêndoa e ervas

½ xíc. de polpa de amêndoa

1 c. sopa de azeite

1 c. chá de suco de limão

1 c. café de levedura de cerveja

2 folhas de manjericão ou ½ c. café de manjericão em pó

1 raminho de coentro picado

uma pitada de alho seco ou ½ dente de alho picado

uma pitada de sal

1. Misture os ingredientes com 2 colheres de sopa de água. Mexa energicamente com uma colher ou use o processador para triturar. Conserve na geladeira por até 3 dias.

NOTA: *A polpa de amêndoa é o resíduo do leite de amêndoa enriquecido (p. 43); pode ser congelada. Não adicione a canela e as tâmaras no preparo do leite se pretender usar a polpa para essa receita.*

Rico em ferro, cálcio, lipídios, vitaminas C, A e do complexo B e ômegas 3 e 6

5 min.
4 porções
Muito fácil

Pasta de grão-de-bico e abacate

1. Escorra o grão-de-bico (se usar grão-de-bico em conserva, passe em água corrente).

2. Coloque num recipiente o grão-de-bico, o abacate, o azeite, o suco de limão e o tahine. Esmague com um garfo ou triture no processador, até obter uma textura densa.

3. Pique finamente a salsa, o coentro, o pimentão, o alho e as azeitonas; misture. Tempere com uma pitada de sal, cominho e pimenta-do-reino. Sirva imediatamente ou conserve na geladeira por até 2 dias.

1 xíc. de grão-de-bico cozido

½ abacate maduro

1 a 2 c. sopa de azeite

1 c. sopa de suco de limão

1 c. chá de tahine (opcional)

1 raminho de salsa

1 raminho de coentro

tiras de pimentão vermelho e amarelo

1 dente de alho

2 azeitonas

sal, cominho e pimenta-do-reino q. b.

⭐ Rico em proteínas, ácido fólico, ferro, cálcio, fibras e ômega 3

Quiche de aveia, abobrinha e berinjela

🕐 50 min.
🍽 6 porções
🍴 Difícil

1. Prepare a base. Misture a farinha, a aveia, a linhaça e o sal num recipiente. À parte, misture a água e o azeite e despeje sobre as farinhas, mexendo rapidamente até formar uma bola. Se precisar, junte um pouco mais de farinha. Guarde na geladeira por 5 minutos.

2. Coloque a bola da massa sobre uma folha de papel vegetal; cubra com plástico filme e estique a massa com o rolo (com esse método, não irá grudar massa no rolo). Transfira para uma fôrma de fundo removível, untada; apare as bordas com uma tesoura e fure o fundo com um garfo. Leve ao forno preaquecido a 180 °C, por 10 minutos. Retire do forno sem desenformar.

3. Prepare o recheio. Corte finamente a berinjela em meias-luas e a abobrinha em rodelas. Pique o tomate e o alho e corte a cebola em tiras. Leve ao fogo uma frigideira antiaderente com um fio de azeite e refogue a cebola e o alho. Junte o tomate, a berinjela e a abobrinha. Tempere com sal, manjericão, páprica doce e pimenta-do-reino. Deixe saltear até os legumes murcharem e acerte o tempero.

4. Faça o creme: num recipiente, misture os ingredientes e bata com uma colher. Despeje o creme na frigideira e misture bem, com o fogo apagado.

5. Coloque o recheio sobre a massa já cozida e alise. Distribua por cima os tomates-cereja cortados ao meio e pressione ligeiramente. Espalhe as sementes sobre o quiche. Leve ao forno preaquecido a 180 °C durante 25 minutos, ou até dourar.

NOTA: *Para preparar a quiche sem glúten, substitua a farinha de trigo por 1½ xícara de farinha de trigo-sarraceno ou farinha de grão-de-bico, use o dobro de linhaça e utilize flocos de aveia sem glúten.*

MASSA
1¼ xíc. de farinha de trigo
1 xíc. de flocos de aveia finos
1 c. sopa de linhaça moída
1 c. café de sal
½ xíc. de água
¼ xíc. de azeite

RECHEIO
1 berinjela
1 abobrinha
2 tomates maduros
4 dentes de alho
1 cebola vermelha
6 tomates-cereja
1 c. sopa de sementes de abóbora e de girassol
manjericão, páprica doce e pimenta-do-reino q. b.
azeite e sal q.b

CREME
200 g de creme de leite de aveia ou de soja
½ xíc. de flocos de aveia
4 c. sopa de farinha de grão-de-bico ou de trigo
1 c. sopa de linhaça moída
1 c. sopa de sementes de chia
1 c. café de cúrcuma
1 c. café de orégano
1 c. café de sal marinho

Rico em fibras, cálcio, fósforo, vitaminas A e do complexo B e ômega 6

45 min.
Congelar: 5h
12 un.
Difícil

Rolo de aveia com pimentão e linguiça vegetal

1. Prepare a massa. Coloque a farinha, a aveia, o fermento e o sal num recipiente. Misture a água e o azeite e despeje sobre as farinhas, mexendo rapidamente até formar uma bola. Se precisar, junte um pouco mais de farinha. Guarde na geladeira enquanto prepara o recheio.

2. Corte em tiras finas a cebola e o pimentão; pique o tomate, o alho e a berinjela. Aqueça uma frigideira antiaderente com um fio de azeite e refogue a cebola e o alho; junte o tomate, o pimentão e a berinjela, e salteie até murcharem. Tempere com sal, manjericão, cominhos e pimenta-do-reino; adicione a linguiça vegetal picada e misture bem.

3. Estique a massa com um rolo sobre uma folha de papel vegetal ou sobre plástico filme, formando um retângulo de cerca de 40 cm x 30 cm. Espalhe o recheio uniformemente quase até as bordas. Com o auxílio do papel vegetal (ou do plástico filme), enrole a massa, começando da parte mais estreita; forme um rolo e sele as pontas.

4. Coloque o rolo numa fôrma e deixe descansar na geladeira por cerca de 5 horas ou até ficar firme para cortar. Retire e corte 12 fatias com uma faca afiada e larga. Disponha as fatias com cuidado numa assadeira forrada com papel vegetal.

5. Leve ao forno preaquecido a 180 °C por 25 a 30 minutos. Retire e deixe esfriar sobre uma grade de metal. Sirva morno ou frio.

MASSA

1 ½ xíc. de farinha de trigo ou de espelta

1 ½ xíc. de flocos de aveia finos

1 c. chá de fermento

1 c. chá de sal

½ xíc. de água

½ xíc. de azeite

RECHEIO

2 cebolas

½ pimentão verde

½ pimentão vermelho

2 tomates maduros

2 dentes de alho

1 berinjela (pequena)

3 rodelas de linguiça vegetal ou de alheira vegetal

manjericão, cominho e pimenta-do-reino q. b.

azeite e sal q. b.

Rico em lipídios, proteínas, cálcio e ferro

Folhados de espinafre, tofu e cogumelos

300 g de espinafre fresco

150 g de cogumelos

1 cebola grande

4 dentes de alho

150 g de tofu

2 c. sopa de molho de soja

2 c. sopa de farinha de milho

1 embalagem de massa folhada retangular

sementes de papoula para polvilhar

alho em pó, páprica doce, manjericão, tomilho e pimenta-do-reino q. b.

sal e azeite q. b.

creme de vinagre balsâmico para servir

1. Escalde o espinafre, escorra bem e pique finamente; lamine os cogumelos; pique a cebola e o alho.

2. Esmague o tofu com um garfo ou rale num ralador grosso. Tempere com o molho de soja, alho em pó, páprica doce e manjericão. Reserve.

3. Aqueça uma frigideira antiaderente com um fio de azeite e refogue o alho e a cebola. Junte os cogumelos e salteie até murcharem; adicione o tofu temperado, o espinafre picado e a farinha de milho. Ajuste o tempero com tomilho, pimenta-do-reino e sal. Deixe cozinhar por 3 minutos, mexendo regularmente.

4. Desenrole a massa folhada sobre papel vegetal. Com uma faca afiada ou um cortador de pizza, corte 3 tiras de massa no sentido do comprimento; divida cada tira em 4 retângulos iguais. Coloque uma colherada de recheio no centro de um retângulo, cubra com outro e sele em volta, pressionando a massa com os dedos umedecidos ou com a ponta de um garfo. Sele bem para que não abra no forno. Repita a operação até terminar a massa.

5. Forre uma assadeira com papel vegetal e disponha os folhados separadamente. Pincele com um pouco de água (para as sementes aderirem) e polvilhe com as sementes de papoula.

6. Leve ao forno preaquecido a 210 °C, por cerca de 20 minutos ou até dourarem. Sirva os folhados ainda quentes ou deixe esfriar sobre uma grelha para que se mantenham crocantes. Guarneça com um fio de creme de vinagre balsâmico.

NOTA: *Podem ser congelados; deverão ir ao forno sem descongelar.*

⭐ Rico em lípidos, proteínas, ferro, cálcio, magnésio e fibras

 45 min.
 12 un.
 Médio

Cestinhos de legumes com frutas secas

1. Pique a cebola e o alho finamente; rale grosseiramente a cenoura, corte em julienne o alho-poró e o repolho; pique o pimentão.

2. Aqueça uma frigideira antiaderente com um fio de azeite e refogue o alho e a cebola até esta ficar macia. Junte a cenoura, o alho-poró, o repolho, o pimentão e as ervilhas, e deixe cozinhar por 5 minutos. Tempere com sal, páprica doce, manjericão, cominho, cúrcuma e pimenta-do-reino. Fora do fogo, adicione o leite e os flocos de aveia, mexendo bem. Acerte o tempero.

3. Corte quadrados de massa filo com 10 cm x 10 cm. Pincele 4 quadrados de massa com um pouco de azeite, sobreponha-os em forma de estrela e coloque numa fôrma de *cupcake*. Repita o processo e prepare 12 fôrmas.

4. Deite uma colherada de recheio em cada, distribua a mistura de frutas secas por cima e polvilhe com as sementes de gergelim pretas e brancas.

5. Leve ao forno preaquecido a 200 °C por cerca de 20 minutos ou até dourarem. Sirva os cestinhos quentes e crocantes.

NOTA: *Mantenha a massa filo na geladeira até o momento de manuseá-la, para evitar que fique seca e quebradiça. Os cestinhos podem ser congelados; deverão ir ao forno sem descongelar.*

1 cebola
4 dentes de alho
1 cenoura
1 talo de alho-poró
½ repolho pequeno
1 tira de pimentão verde
½ xíc. de ervilhas congeladas
1 xíc. de leite vegetal (sem açúcar) ou 200 g de creme de leite vegetal
1 xíc. de flocos de aveia finos
½ embalagem de massa filo
½ xíc. de mistura de avelãs, nozes-pecãs, castanhas-de-caju e pinhole
páprica doce, manjericão, cominho, cúrcuma e pimenta-do-reino q. b.
azeite e sal q. b.
sementes de gergelim brancas e pretas para polvilhar

- 40 min.
- 8 un.
- Médio

 Rico em proteínas, vitaminas A, do complexo B e C e ômega 6

Trouxinhas de legumes

½ xíc de lentilhas vermelhas ou 250 g de seitan (carne de glúten) ou de proteína sem glúten (p. 101)

1 berinjela pequena

1 abobrinha pequena

tiras de pimentão vermelho e verde

1 cebola grande

4 dentes de alho

1 xíc. de molho de tomate (p. 108)

2 c. sopa de milho

1 embalagem de massa filo ou 1 repolho grande

manjericão, cominho, cúrcuma e pimenta-de--caiena q. b.

sal e azeite q. b.

1. Se optar por lentilhas, cozinhe-as com 1 xícara de água e sal, por cerca de 8 minutos. Se preferir seitan ou proteína sem glúten, pique-os finamente.

2. Corte em cubinhos a berinjela e a abobrinha sem remover a casca. Pique o pimentão, a cebola e o alho.

3. Aqueça uma frigideira antiaderente com um fio de azeite e refogue o alho e a cebola. Junte a berinjela, a abobrinha, o pimentão, o milho e o molho de tomate; deixe cozinhar por cerca de 5 minutos. Adicione as lentilhas cozidas (ou o seitan ou a proteína sem glúten) e tempere com sal, manjericão, cominho, cúrcuma e uma pitada de pimenta-de-caiena.

4. Escolha uma das opções para fazer os embrulhos: massa filo ou couve.

   Se usar massa filo, retire uma folha, dobre em quatro e corte com uma faca afiada de modo a obter 4 quadrados. Pincele cada pedaço com um pouco de azeite e sobreponha-os em forma de estrela. Deite uma colherada de recheio no centro; segure as pontas e feche delicadamente como um embrulho. Repita até terminar a massa.

   Se usar couve, separe as folhas com cuidado, lave-as e escalde-as rapidamente em água fervente, uma de cada vez; seque-as com papel absorvente. Coloque no centro de cada folha uma colherada de recheio e feche com 2 palitos no formato de embrulho.

5. Forre uma assadeira com papel vegetal e disponha as trouxinhas. Pincele com azeite e leve ao forno preaquecido a 200 °C por cerca de 20 minutos ou até dourarem.

Sirva com molho de tomate as trouxas de couve e salpique com creme de vinagre balsâmico as trouxas de massa filo.

Rico em proteínas, ferro, magnésio e vitamina C

 40 min.
 14 un.
 Médio

Bolinhas de grão-de-bico e alho-poró

(sem glúten)

1. Escorra o grão-de-bico (se usar grão-de-bico em conserva, passe em água corrente). Corte o alho-poró em julienne e rale finamente a cenoura; esmague a batata-doce (se usar) com um garfo e pique finamente a salsa.

2. Aqueça uma frigideira antiaderente com um fio de azeite e salteie o alho-poró e a cenoura por cerca de 5 minutos. Junte o grão-de-bico, a batata e a salsa. Tempere com o molho de soja, o cominho, a cúrcuma, o gengibre e o manjericão. Se desejar, junte também uma pitada de pimenta-de-caiena. Deixe cozinhar por 3 minutos, mexendo sempre.

3. Triture grosseiramente com o *mixer*, apenas por alguns segundos, até obter uma massa granulosa. Misture o pão ralado e misture bem.

4. Retire colheradas de massa e molde bolinhas com as mãos. Unte-as ligeiramente com azeite e envolva-as numa mistura de sementes de gergelim pretas e brancas. Transfira-as para uma assadeira forrada com papel vegetal.

5. Leve ao forno preaquecido a 180 °C por cerca de 20 minutos ou até dourarem. Sirva com um fio de creme de vinagre balsâmico.

2 xícs. de grão-de-bico cozido

1 talo de alho-poró

1 cenoura

1 batata-doce cozida (opcional)

1 ramo de salsa

1 c. sopa de molho de soja ou sal q. b.

1 c. café de cominho

1 c. café de cúrcuma

1 c. café de gengibre em pó

1 c. café de manjericão

4 c. sopa de pão ralado sem glúten

azeite e pimenta-de-caiena (opcional) q. b.

sementes de gergelim brancas e pretas para polvilhar

creme de vinagre balsâmico para servir

Rico em proteínas, ferro, cálcio, lipídios e ômegas 3 e 6

Pataniscas de grão-de-bico e cenoura

(sem glúten)

1 xíc. de grão-de-bico cozido

6 c. sopa de amido de milho

2 c. sopa de linhaça moída

1 c. sopa de levedura de cerveja

½ c. café de cúrcuma

¼ xíc. de água ou de caldo de cozimento do grão-de--bico

1 cebola

½ ramo de salsa

½ ramo de coentro

1 tira de pimentão (opcional)

1 cenoura pequena

sal marinho e azeite q. b.

1. Escorra o grão-de-bico (se usar grão-de-bico em conserva, passe em água corrente).

2. Misture o grão, o amido de milho, a linhaça, a levedura de cerveja, o açafrão, um pouco de sal e a água (ou do caldo de cozimento do grão-de-bico); triture no processador ou com o *mixer* até obter uma massa espessa.

3. Pique finamente a cebola, a salsa, o coentro e o pimentão; rale a cenoura. Junte à massa e misture bem.

4. Aqueça uma frigideira antiaderente com um fio de azeite. Retire colheradas de massa e grelhe as pataniscas de ambos os lados, até dourarem, virando com o auxílio de uma espátula.

NOTA: *Podem-se adicionar outros legumes cozidos, como ervilhas, brócolis ou milho.*

Rico em proteínas, ferro, cálcio, magnésio e ômegas 3 e 6

30 min.

4 un.

Médio

Hambúrgueres de quinoa
(sem glúten)

1. Escorra o feijão (se usar feijão de conserva, passe em água corrente). Misture o feijão e a quinoa num recipiente.

2. Pique finamente a cebola, o alho, a salsa e o coentro; rale finamente a beterraba.

3. Aqueça uma frigideira antiaderente com um fio de azeite e refogue o alho e a cebola até esta ficar translúcida. Junte a quinoa e o feijão, a levedura, a linhaça, a páprica doce, o cominho, a salsa, o coentro e a beterraba ralada, envolvendo bem. Acerte o tempero com sal e pimenta-de-caiena e apague o fogo.

4. Passe a mistura para um recipiente e triture grosseiramente com o *mixer*, apenas por alguns segundos, para obter uma massa compacta. Se precisar, junte um pouco de pão ralado (ou farinha de arroz) para aumentar a consistência. Retire colheradas de massa e molde 4 hambúrgueres; pincele o topo com azeite. Guarde na geladeira durante 1 hora para que fiquem firmes.

5. Grelhe os hambúrgueres numa frigideira antiaderente untada com um fio de azeite até dourarem de ambos os lados.

Sirva no pão com tomate, alface, rúcula, salsa, cebola roxa e azeitonas.

1 xíc. de feijão-branco cozido

1 xíc. de quinoa cozida (p. 140)

1 cebola pequena

2 dentes de alho

½ ramo de salsa

½ ramo de coentro

½ beterraba pequena

1 c. sopa de levedura de cerveja

1 c. sopa de linhaça moída

1 c. café de páprica doce

1 c. café de cominho

sal e pimenta-de-caiena ou pimenta-do-reino q. b.

pão ralado sem glúten ou farinha de arroz q. b. (opcional)

azeite q. b.

Sanduíches ricos em nutrientes; ideais para lanches reforçados ou almoços rápidos.

⭐ Rico em cálcio, proteínas, vitaminas A e do complexo B, e ácido fólico

Sanduíches de tofu e seitan com berinjela

2 fatias de tofu

2 fatias de seitan

1 cebola

tiras de pimentão verde, vermelho e amarelo

1 abobrinha (pequena)

1 berinjela (pequena)

1 c. sopa de vinagre balsâmico

1 tomate grande maduro

2 baguetes de cereais

azeite e molho de soja q. b.

alho em pó, páprica doce, manjericão e pimenta-do--reino q. b.

1. Coloque as fatias de tofu e seitan numa frigideira antiaderente; tempere com um fio de azeite, 1 a 2 colheres de sopa de molho de soja, alho em pó, páprica doce, manjericão em pó e pimenta-do-reino. Deixe marinar por 5 minutos. Cozinhe em fogo brando por cerca de 10 minutos, virando as fatias. Retire e coloque num prato.

2. Corte a cebola e o pimentão em tiras finas. Salteie na frigideira com um fio de azeite e o vinagre balsâmico. Reserve.

3. Corte a abobrinha e a berinjela em fatias finas, no sentido do comprimento. Tempere com um fio de azeite, molho de soja e os condimentos que usou para o seitan e o tofu. Grelhe na mesma frigideira ou num *grill*, em temperatura média, sem sobrepor os legumes, até ficarem tenros e dourados. Reserve. Corte o tomate em fatias finas.

4. Abra as baguetes e monte os sanduíches, colocando os ingredientes por camadas: berinjela, abobrinha, pimentão, seitan, tofu, tomate e cebola. Acrescente mostarda e *ketchup*, se desejar.

Preparar uma refeição completa, saborosa e atraente, sem recorrer a carne, peixe, ovos ou laticínios, que agrade até o mais resistente a novidades, pode parecer uma tarefa árdua. Porém, é mais fácil do que se imagina. As leguminosas, os cogumelos, o tofu, o seitan ou o tempeh podem assegurar as proteínas e os minerais necessários, com a vantagem de serem alimentos pouco calóricos, isentos de gorduras saturadas e de colesterol.

Algumas sugestões

- Inclua leguminosas no seu cardápio semanal. Pode optar por: grão-de-bico; feijão-fradinho, feijão-manteiga, feijão-vermelho, feijão-branco, feijão-preto, feijão-verde ou feijão-azuqui; lentilhas vermelhas, verdes, castanhas ou pretas; tremoços; grãos de soja; favas ou ervilhas (secas, frescas ou congeladas).
- Opte por cozinhar as leguminosas em casa. É mais econômico, mais ecológico (não há desperdício de embalagem), mais saudável (evita os aditivos e conservantes) e muito mais saboroso.
- Siga 4 regras básicas para cozinhar o feijão ou o grão-de-bico: lave bem, demolhe por cerca de 8 a 10 horas e escorra a água; leve para cozinhar em água limpa e retire a espuma formada; adicione uma tira de alga kombu ou uma lasca de gengibre (sem casca) e deixe cozinhar durante o tempo recomendado. Tempere com sal e azeite; separe em porções e congele.
- Compre tofu, seitan ou tempeh em lojas especializadas; escolha sempre o produto fresco, embalado a vácuo e refrigerado, pois apenas esse é saboroso. Depois de abrir a embalagem, conserve o tofu, seitan ou tempeh na geladeira, submerso em água, até 5 dias, renovando a água diariamente.
- Se preferir, em vez de comprar, faça seitan e tofu caseiros.
- Compre molho de soja (sem açúcar) para temperar o tofu e o seitan; não é necessário usar sal, basta salpicar com o molho de soja e as especiarias sugeridas.
- Para pincelar e dar um toque dourado aos pratos (sem usar gema de ovo), recorra a uma estratégia simples: misture um fio de azeite (ou leite vegetal sem açúcar), uma pitada de cúrcuma e um pouco de molho (ou polpa) de tomate; mexa e pincele.

Pratos Principais

1. Misture as farinhas e os condimentos; misture os líquidos e a beterraba ralada; misture no recipiente das farinhas, forme a massa e molde um rolo.

2. Leve para cozinhar, fatie e use em diversas receitas. Guarde na geladeira por até 3 dias ou congele.

- 30 min.
- 400 g
- Fácil

 Rico em proteínas, cálcio, magnésio, fósforo, zinco e ômegas 3 e 6

Rolo de proteína sem glúten

(como fazer em casa?)

1 xíc. de farinha de grão-de-bico

½ xíc. de farinha de arroz (integral ou branca)

1 c. sopa de levedura de cerveja

1 c. sopa de linhaça moída

1 c. sopa de sementes de chia

1 c. café de alho em pó

1 c. café de manjericão em pó

½ c. café de cúrcuma

½ c. café de cominho em pó

½ xíc. de água

1 c. sopa de azeite

2 c. sopa de molho de soja sem glúten

2 c. sopa de beterraba ralada ou de cenoura ralada

PARA COZINHAR

1 cebola

1 dente de alho

1 tomate maduro

1 raminho de coentro

1 raminho de manjericão

500 ml de água

1 c. chá de sal

azeite q. b.

1. Prepare o rolo. Num recipiente, misture os ingredientes secos: as farinhas, a levedura, a linhaça, as sementes de chia, o alho, o manjericão, a cúrcuma e o cominho.

2. À parte, misture a água com o azeite, o molho de soja e a beterraba ralada finamente. Junte a mistura líquida no recipiente das farinhas e forme uma massa que desprende da tigela. Se precisar, acrescente mais um pouco de farinha e molde o rolo, com delicadeza. Reserve.

3. Para o caldo do cozimento, leve ao fogo uma panela com um fio de azeite, a cebola em tirinhas, o alho e o tomate picados, o coentro e o manjericão. Deixe refogar por 4 minutos, mexendo, então adicione a água e o sal. Quando ferver, junte o rolo e deixe cozinhar por cerca de 20 minutos, virando na metade do tempo. Reserve e use como proteína em diversas receitas. Guarde na geladeira (com ou sem o caldo do cozimento) por até 3 dias, ou congele.

Fatiado ou em cubos, pode ser usado em sanduíches ou no preparo de diversas receitas, como jardineira, empadão (p. 104) ou chili (p. 124).

Sugestão para empanar: salpique as fatias com molho de soja e alho em pó; prepare uma massa com 2 colheres de sopa de amido de milho e 1 colher de sopa de sementes de gergelim e um pouco de água; envolva as fatias nessa massa e leve a grelhar de ambos os lados, por 2 minutos, numa frigideira antiaderente untada com um fio de azeite; tempere com suco de limão e sirva.

⭐ Rico em proteínas, vitaminas A e do complexo B, ácido fólico e ômegas 3 e 6

Moussaka de berinjela
(sem glúten)

🕐 50 min.
👥 6 porções
🍴 Difícil

1. Cozinhe as lentilhas em 1 xícara de água com sal, até que a água seja absorvida; reserve. Se preferir, substitua as lentilhas por seitan ou proteína sem glúten.

2. Remova tiras da casca da berinjela, no sentido longitudinal, fazendo o efeito de riscas; corte em rodelas finas e salpique com sal; deixe repousar até soltar gotas de líquido; esprema e tire o excesso de sal.

3. Corte a abobrinha em rodelas finas. Tempere as fatias de berinjela e abobrinha com azeite, sal, alho em pó, páprica doce, manjericão e orégano. Reserve.

4. Pique a cebola, o alho, o tomate e o pimentão. Leve ao fogo uma frigideira antiaderente com um fio de azeite e refogue a cebola e o alho; junte o tomate e, quando estiver macio, o pimentão e as lentilhas (ou a proteína sem glúten ou o seitan picados). Tempere com sal, 1 colher de chá de cominho, 1 colher de chá de orégano, 1 colher de café de páprica doce e pimenta-do-reino a gosto; junte o vinho e deixe apurar.

5. Numa frigideira com um fio de azeite, grelhe as fatias de berinjela e de abobrinha até ficarem douradas de ambos os lados. Também pode-se dispor as fatias numa assadeira untada e levar ao forno preaquecido a 200 °C por cerca de 15 minutos ou até dourarem.

6. Num recipiente, misture o creme de leite, o amido, a levedura e o molho de tomate; bata com um *fouet* e tempere com sal, orégano e ½ c. café de cúrcuma.

7. Disponha os ingredientes por camadas numa assadeira: berinjela, lentilhas (ou seitan ou proteína sem glúten), abobrinha e creme de leite; termine com berinjela e o creme de leite. Leve ao forno preaquecido a 200 °C por cerca de 20 a 25 minutos. Antes de servir, pincele com azeite. Acompanhe com uma salada verde.

1 xíc. de lentilhas vermelhas ou 300 g de seitan ou 400 g de rolo de proteína sem glúten (p. 101)

1 xíc. de água

2 berinjelas

1 abobrinha

1 cebola grande

4 dentes de alho

4 tomates grandes maduros

tiras de pimentão verde e vermelho

4 c. sopa de vinho tinto

200 g de creme de leite vegetal para cozinhar

4 c. sopa de amido de milho

1 c. sopa de levedura de cerveja (opcional)

2 c. sopa de molho de tomate

alho em pó, páprica doce, manjericão, orégano, cominho, pimenta-do-reino e cúrcuma q. b.

sal e azeite q. b.

Moussaka é um prato tradicional do Oriente Médio preparado com camadas de berinjela. Podem-se usar diferentes tipos de recheio.

Rico em proteínas, hidratos de carbono, vitamina C, A e do complexo B e ômega 6

45 min.
4 porções
Médio

Escondidinho de seitan e cogumelos

1. Pique o seitan e a linguiça vegetal no processador ou com uma faca afiada. Corte os cogumelos em pedaços, o alho-poró em julienne e a cebola em tiras finas; pique o alho e o tomate; separe as folhas de espinafre.

2. Leve ao fogo uma frigideira antiaderente com um fio de azeite e refogue o alho e a cebola até ficarem macios. Junte o tomate, o alho-poró e a folha de louro e deixe cozinhar por 5 minutos. Adicione os cogumelos, o seitan e a linguiça vegetal (se usar); tempere com o vinho, a levedura, sal, páprica doce, cominho, manjericão e pimenta-do-reino. Salteie por alguns minutos.

3. Prepare o purê de batata. Cozinhe as batatas em água com sal e escorra. Junte imediatamente a manteiga e o leite e amasse com um esmagador manual ou *passe-vite*. Tempere com uma pitada de noz-moscada. Coloque no fundo de uma assadeira metade do purê de batata; disponha as folhas de espinafre; acrescente o recheio de seitan e cubra com o restante do purê de batata, alisando com uma espátula. Pincele com um fio de azeite e uma colher de molho de tomate (para dar cor) e polvilhe com as sementes de girassol.

5. Leve ao forno preaquecido a 180 °C por cerca de 30 minutos ou até gratinar. Sirva quente polvilhado com salsa picada e acompanhe com uma salada generosa.

250 g de seitan

2 rodelas de linguiça vegetal (opcional)

250 g de cogumelo shimeji

1 talo de alho-poró

1 cebola

2 dentes de alho

1 tomate grande maduro ou 5 c. sopa de molho de tomate (p. 108)

50 g de folhas de espinafre

1 folha de louro

2 c. sopa de vinho tinto (opcional)

1 c. sopa de levedura de cerveja (opcional)

2 c. sopa de sementes de girassol

páprica doce, manjericão, cominho e pimenta-do-reino q. b.

sal e azeite q. b.

salsa picada para servir

PURÊ DE BATATA

700 g de batata asterix

300 g de batata-doce

3 c. sopa de margarina

½ xíc. de leite vegetal sem açúcar

1 c. sopa de molho de tomate

sal e noz-moscada q. b.

Rico em cálcio, vitamina C, proteínas e ômega 6

40 min.
4 porções
Médio

Cogumelos Portobello recheados

1. Lave os cogumelos, corte os caules e retire o interior com uma colher. Corte a berinjela, a abobrinha e a cebola em tiras fininhas, pique o alho e esmague o tofu com um garfo.

2. Leve ao fogo uma frigideira antiaderente com um fio de azeite e refogue o alho e a cebola até esta ficar macia. Junte a berinjela e a abobrinha e deixe-as murchar. Junte o tofu e tempere com molho de soja, páprica doce, tomilho, manjericão e pimenta-do-reino moída na hora. Adicione ½ xícara de molho de tomate e misture bem.

3. Unte uma assadeira com um fio de azeite e forre-a com o restante molho de tomate. Coloque os cogumelos e recheie-os com o preparado.

4. Leve ao forno preaquecido a 200 °C por cerca de 20 a 25 minutos ou até gratinar. Sirva com salsa picada.

4 cogumelos Portobello
1 berinjela pequena
1 abobrinha pequena
1 cebola
4 dentes de alho
2 fatias de tofu (opcional)
1 ½ xíc. de molho de tomate (p. 108)
molho de soja ou sal marinho q. b.
páprica doce, tomilho, manjericão em pó e pimenta-do-reino q. b.
azeite q. b.
salsa para servir

Rico em proteínas, ferro, magnésio, ácido fólico e ômega 6

Almôndegas de lentilhas
(sem glúten)

- 50 min.
- 20 un.
- Médio

1. Cozinhe as lentilhas em 1 xícara de água com sal, até absorver a água; reserve.
2. Corte o alho-poró em julienne, pique a berinjela, a cebola, o alho e o pimentão, e rale a cenoura.
3. Leve ao fogo uma frigideira antiaderente com um fio de azeite e refogue o alho e a cebola. Junte o alho-poró, a berinjela, o pimentão, a cenoura e o molho de tomate; salteie por alguns minutos até amaciarem. Misture as lentilhas, a levedura de cerveja e a linhaça; tempere com sal, manjericão, uma pitada de cominho, cúrcuma e pimenta-do-reino.
4. Triture grosseiramente com o *mixer*. Adicione a farinha e mexa bem; retire colheradas de massa e molde as almôndegas com as mãos. Se for necessário, junte um pouco mais de farinha ou de azeite.
5. Forre uma assadeira com papel vegetal e disponha as almôndegas; pincele com azeite e leve ao forno preaquecido a 180 °C por cerca de 20 minutos.
6. Prepare o molho. Pele e pique o tomate, corte a abóbora em cubinhos e esmague o alho. Numa panela com um fio de azeite, refogue o tomate com o alho, a abóbora, o manjericão e um pouco de sal, por cerca de 25 minutos. Triture e ajuste o tempero.
7. Numa frigideira antiaderente untada com um fio de azeite, salteie os cogumelos por 4 minutos; misture o molho de tomate e ajuste o tempero. Adicione as almôndegas e envolva-as bem no molho. Sirva com coentro picado.

NOTA: *Pode-se moldar a massa em formato de rolo. Nesse caso, leve ao forno por 30 minutos, corte em fatias e sirva com o molho.*

1 xíc. de lentilhas vermelhas
1 xíc. de água
1 talo de alho-poró
1 berinjela ou 250 g de cogumelos
1 cebola
2 dentes de alho
1 tira de pimentão vermelho
1 cenoura
4 c. sopa de molho de tomate ou 1 tomate maduro picado
1 c. sopa de levedura de cerveja (opcional)
1 c. sopa de linhaça moída (opcional)
1 c. chá de manjericão em pó
1 xíc. de farinha de arroz ou de pão ralado sem glúten
cominho, cúrcuma e pimenta-do-reino q. b.
azeite e sal q. b.
coentro picado para servir

MOLHO DE TOMATE
1 kg de tomates maduros
50 g de abóbora
4 dentes de alho
1 ramo de manjericão
200 g de cogumelos shiitake (opcional)
azeite e sal q. b.

★ Rico em cálcio, proteínas, ferro e ômega 6

🕐 40 min.
🍽 4 porções
🍴 Médio

Tofu à Brás

1. Descasque a batata e corte em palitos finos. Coloque num recipiente e tempere com um fio de azeite, sal, tomilho, alho e manjericão em pó; envolva bem. Disponha os palitos numa assadeira forrada com papel vegetal e espalhe para que não se sobreponham. Leve ao forno preaquecido a 220 °C por cerca de 30 minutos ou até dourarem e ficarem crocantes.

2. Corte a cebola em tiras finas e o alho-poró em julienne. Esmague o tofu com um garfo ou passe-o no ralador grosso. Pique a salsa.

3. Leve ao fogo uma frigideira antiaderente com um fio de azeite e salteie a cebola e o alho-poró até ficarem macios. Junte o tofu e tempere com o molho de soja, a cúrcuma, o manjericão, a pimenta-do-reino e o sal (se achar necessário); deixe cozinhar por cerca de 5 minutos. Adicione a batata-doce e a salsa picada, misturando bem.

Sirva com azeitonas e acompanhe com uma salada verde.

NOTA: *Pode preparar "tofu mexido" seguindo os passos 2 e 3 da receita sem adicionar a batata; será mais rápido e igualmente nutritivo.*

500 g de batata-doce ou asterix
1 cebola
1 talo de alho-poró
250 g de tofu
1 ramo de salsa
1 c. sopa de molho de soja
1 c. sopa de cúrcuma
alho em pó, tomilho, manjericão em pó e pimenta-do-reino q. b.
sal e azeite q. b.
azeitonas pretas para servir

Rico em cálcio, proteínas, ferro, hidratos de carbono e ômega 6

15 min.
2-4 porções
Fácil

Tofu com crosta de broa de milho

1. Corte o tofu em fatias. Coloque numa frigideira com um fio de azeite e tempere com o molho de soja, alho e manjericão em pó, páprica doce e pimenta-do-reino; misture bem. Cozinhe em fogo brando por cerca de 5 minutos, virando as fatias. Retire e coloque numa assadeira untada com azeite.

2. Corte a broa de milho em pedaços e triture no processador com um fio de azeite, o alho e a salsa, até obter uma farofa. Espalhe sobre o tofu e leve ao forno preaquecido a 210 °C por cerca de 10 minutos ou até dourar. Sirva imediatamente.

250 g de tofu

2 a 3 c. sopa de molho de soja

50 g de broa de milho

1 dente de alho

2 raminhos de salsa

alho e manjericão em pó, páprica doce e pimenta-do-reino q. b.

azeite q. b.

- 20 min.
- 3 porções
- Fácil

★ Rico em proteínas, cálcio, ferro, magnésio, fósforo, lipídios e ômega 6

Seitan com molho de amêndoa

250 g de seitan

2 c. sopa de molho de soja

100 g de creme de leite vegetal

4 c. sopa de água

1 a 2 c. sopa de amêndoa moída ou manteiga de amêndoa

1 a 2 c. sopa de creme de vinagre balsâmico

2 c. sopa de amêndoas picadas tostadas

alho e manjericão em pó, páprica doce e pimenta-do-reino q. b.

sal e azeite q. b.

salsa e cebolinha fresca para servir

1. Corte o seitan em tirinhas ou fatias finas. Coloque numa frigideira e tempere com um fio de azeite, adicione o molho de soja, alho em pó, páprica doce e manjericão; misture bem. Cozinhe em fogo brando por cerca de 10 minutos, mexendo. Coloque o seitan numa travessa e reserve.

2. Coloque na frigideira o creme de leite, 4 colheres de sopa de água, a amêndoa moída e mexa, cozinhando em fogo brando. Junte o creme de vinagre balsâmico e o seitan; ajuste o tempero com sal, pimenta-do-reino e manjericão. Sirva com a amêndoa tostada, salsa e cebolinha picadas.

Para torrar as amêndoas, leve-as para dourar em fogo brando numa frigideira antiaderente, sem gordura, por 4 minutos.

Rico em proteínas, ferro, vitaminas C e do complexo B e ômega 6

Bolonhesa de seitan

300 g de seitan

1 cebola

3 dentes de alho

4 tomates maduros

1 cenoura

100 g de cogumelos

100 g de brócolis

2 c. sopa de vinho tinto (opcional)

2 c. sopa de milho

1 abobrinha para o espaguete (opcional)

manjericão, tomilho, orégano e pimenta-do-reino q. b.

sal marinho e azeite q. b.

coentro para servir

1. Moa o seitan ou use um ralador. Pique a cebola, o alho e o tomate; corte a cenoura finamente, lamine os cogumelos e separe em raminhos o brócolis.

2. Leve ao fogo uma frigideira com um fio de azeite e refogue a cebola e o alho. Junte o tomate e deixe cozinhar até desfazer. Adicione a cenoura e os cogumelos e salteie por 4 minutos. Junte o seitan e tempere com o vinho, sal, manjericão, tomilho, orégano e pimenta-do-reino. Acrescente o brócolis e o milho e deixe cozinhar por 10 minutos.

3. Polvilhe com coentro picado e sirva a bolonhesa com espaguete integral ou com espaguete de abobrinha.

Para preparar o espaguete de abobrinha, use um cortador de legumes apropriado; tempere com sal e salteie numa frigideira untada com azeite por 1 ou 2 minutos. Sirva imediatamente.

- 20 min.
- 4 porções
- Fácil

 Rico em proteínas, cálcio, ferro, vitaminas C e do complexo B e ômegas 3 e 6

Noodles com tofu e vegetais

(sem glúten)

1 cebola grande

1 cenoura

½ abobrinha

½ pimentão verde

½ repolho ou couve chinesa

100 g de cogumelos shiitake

100 g de ervilhas-torta

2 dentes de alho

100 g de tofu (opcional)

2 c. sopa de alga arame (opcional)

3 c. sopa de molho de soja

2 xíc. de água

100 g de noodles de arroz (largos ou finos)

pimenta-do-reino q. b.

azeite q. b.

coentro para servir

1. Corte em tirinhas a cebola, a cenoura, a abobrinha e o pimentão, e em julienne a couve (use um mandolim para facilitar o trabalho); parta os cogumelos e as ervilhas em pedaços; pique o alho e corte o tofu em tiras.

2. Aqueça uma *wok* ou frigideira antiaderente com um fio de azeite e salteie os legumes (exceto as ervilhas) e os cogumelos por cerca de 3 minutos, em fogo alto. Junte o tofu e a alga arame (se usar), e tempere com o molho de soja, misturando bem.

3. Adicione a água e os *noodles*; deixe cozinhar por 3 a 5 minutos (verifique o tempo de cozimento indicado na embalagem). No último minuto, acrescente as ervilhas cortadas. Tempere com pimenta-do-reino e sirva com coentro picado.

NOTA: *O cozimento é muito rápido; os legumes devem estar cortados antes de se acender o fogo. O molho de soja confere o sabor característico das massas orientais.*

Rico em proteínas, ácido fólico, vitaminas A, do complexo B e C e ômega 6

25 min.
4 porções
Fácil

Favas com quiabos

1. Escolha favas pequenas e tenras e passe-as por água; se forem grandes, faça-lhes um corte. Corte os quiabos em rodelas grossas e a cenoura em rodelas finas. Pique a cebola, o alho e o tomate.

2. Numa panela com um fio de azeite, refogue a cebola e o alho com a folha de louro; junte o tomate e deixe cozinhar até desfazer. Adicione a cenoura, os quiabos, as favas, o sal, a páprica doce e metade do ramo de coentro; salteie por 3 minutos. Adicione a água e deixe cozinhar por cerca de 15 a 20 minutos. Retire a folha de louro e o coentro. Misture as rodelas de linguiça vegetal ou a proteína sem glúten, se desejar.

3. Sirva bem quente, com o restante do coentro picado e fatias de pão.

As favas são uma boa fonte de proteínas; os quiabos são especialmente ricos em vitamina C e ácido fólico, o que torna esta refeição muito nutritiva.

3 xíc. de favas (400 g)

10 quiabos (150 g)

1 cenoura

1 cebola

2 dentes de alho

1 tomate grande maduro

1 folha de louro

1 c. chá de sal marinho

½ c. café de páprica doce

1 ramo de coentro

1 ½ xíc. de água

4 rodelas de linguiça vegetal ou 2 fatias de rolo de proteína sem glúten (p. 101)

azeite q. b.

⏱ 30 min.
🌐 4-6 porções
🍴 Fácil

★ Rico em proteínas, fibras, magnésio, ferro, fósforo, zinco e ômega 6

Feijoada com shimeji

3 xíc. de feijão-branco cozido

250 g de cogumelos shimeji

½ repolho

1 cenoura

1 cebola

2 dentes de alho

1 tomate maduro

1 folha de louro

1 xíc. do caldo de cozimento do feijão ou de água

páprica doce e cominho q. b.

sal marinho e azeite q. b.

salsa, erva-doce e coentro picado para servir

1. Escorra o feijão (se usar de conserva, passe em água corrente). Lave e separe os cogumelos em pedaços grandes. Corte a couve em julienne e a cenoura em rodelas finas. Pique a cebola e o alho.

2. Numa panela com um fio de azeite, refogue o alho e a cebola até esta ficar transparente. Junte o tomate, a cenoura e a folha de louro e deixe cozinhar por cerca de 5 minutos. Acrescente a couve e os cogumelos e salteie até ficarem tenros. Adicione o feijão e o caldo do feijão (ou água), e tempere com sal, páprica doce e cominho. Deixe apurar por mais alguns minutos para que os sabores se misturarem.

3. Sirva a feijoada polvilhada com salsa, erva-doce e coentro picado, e acompanhe com arroz ou cuscuz e uma salada generosa.

Rico em proteínas, ferro, fósforo, magnésio e ômega 6

30 min.
4 porções
Fácil

Grão-de-bico com especiarias

1. Escorra o grão-de-bico (se usar de conserva, passe em água corrente). Pique a cebola, o alho, o tomate e o pimentão, e corte a berinjela em cubinhos. Separe os raminhos de couve-flor e as folhas de espinafre.

2. Numa panela com um fio de azeite, refogue a cebola e o alho; junte as especiarias e deixe que os aromas exalem por alguns segundos. Adicione o tomate, deixe cozinhar até desfazer e triture grosseiramente com o *mixer*.

3. Junte o pimentão, a berinjela, a couve-flor, o grão-de-bico e o sal; acrescente o caldo do cozimento do grão-de-bico e deixe em fogo brando por cerca de 20 minutos. Junte as folhas de espinafre e o leite de coco; mexa e apague o fogo.

Sirva com coentro picado, e acompanhe com arroz basmati e uma salada verde.

2 xíc. de grão-de-bico cozido
1 cebola
2 dentes de alho
2 tomates maduros
1 tira de pimentão verde
1 tira de pimentão vermelho
1 berinjela pequena
200 g de couve-flor
50 g de folhas de espinafre
azeite q.b.
2 c. café de cominho em pó
2 c. café de cúrcuma
1 c. café de curry
1 c. café de coentro em pó
1 c. café de gengibre em pó ou gengibre fresco ralado
1 c. chá de sal marinho
½ xíc. do caldo do cozimento do grão-de-bico ou de água
100 ml de leite de coco ou de creme de leite de soja
coentro picado para servir

Rico em proteínas, ferro, cálcio, magnésio, fósforo e ômegas 3 e 6

20 min.

4-6 porções

Fácil

Chili

1. Escorra o feijão e o milho (se usar de conserva, passe em água corrente). Corte o tempeh (ou o seitan ou a proteína sem glúten) em cubinhos. Pique a cebola, o alho, o tomate, a cenoura e o pimentão.

2. Numa panela com um fio de azeite, refogue o alho e a cebola até esta ficar transparente. Junte o tomate, a cenoura, o pimentão, a páprica doce, o cominho e o coentro, e deixe cozinhar até o tomate desfazer. Junte o tempeh e o sal e mexa bem. Adicione o caldo do cozimento do feijão (ou a água), o feijão, o milho e as pimentas-malaguetas (se usar, abra-as ao meio e retire as sementes). Deixe cozinhar por cerca de 10 minutos e verifique o tempero.

3. Sirva com o abacate cortado em cubos, salsa e coentro picado. Acompanhe com arroz basmati e uma salada verde.

3 xíc. de feijão-vermelho

½ xíc. de milho

150 g de tempeh ou seitan ou rolo de proteína sem glúten (p. 101)

1 cebola grande

4 dentes de alho

2 tomates maduros

1 cenoura

½ pimentão verde

½ pimentão vermelho

1 c. chá de páprica doce

1 c. chá de cominho

1 c. café de coentro em pó

1 c. chá de sal marinho

2 xíc. do caldo do cozimento do feijão ou de água

2 pimentas-malaguetas ou pimenta-de-caiena q. b. (opcional)

azeite q. b.

1 abacate maduro para servir

salsa e coentro para servir

Por serem tão completos em nutrientes, alguns acompanhamentos garantem, por si só, uma refeição equilibrada. Não precisamos limitar as nossas opções a ingredientes industrializados, insípidos e nutricionalmente pobres. Podemos variar e preparar saladas apetitosas com frutas, vegetais, leguminosas ou cereais, em combinações completas e saudáveis.

Algumas sugestões

- Junte tomate maduro, maçã, manga, papaia, romã ou uvas frescas nas saladas; isso irá reforçar o consumo de vitamina C e auxiliar a absorção de ferro pelo nosso organismo.
- Use suco de limão para temperar, pois o ácido ascórbico (vitamina C) melhora a absorção do ferro.
- Polvilhe com ervas aromáticas frescas, picadas finamente, pois são fontes valiosas de cálcio, ferro, vitaminas C, A e do complexo B. Entre todas, a salsa é a que apresenta um teor mais elevado de nutrientes e de propriedades anti-inflamatórias.
- Ao combinar cereais (de preferência, integrais) com leguminosas (feijão, grão-de-bico, favas ou lentilhas), obtêm-se proteínas completas, com todos os aminoácidos essenciais.
- O pão integral, de aveia e de mistura de cereais, bem como as torradas integrais, são boas fontes de hidratos de carbono e de proteínas. Podem constituir um agradável acompanhamento para refeições rápidas; nesse caso, evite misturas com outras fontes de hidratos (como batata ou massas).
- Recorra a uma estratégia simples para substituir os caldos de legumes e aromatizar os cereais (arroz, triguilho, quinoa ou cuscuz marroquino): adicione um fio de azeite, 1 dente de alho inteiro, 2 raminhos de ervas aromáticas à escolha (manjericão, coentro, cebolinha, salsa), uma pitada de cúrcuma e outra de páprica doce. Podem-se substituir as ervas frescas por ervas desidratadas. Antes de servir, retire o alho e os raminhos inteiros das ervas aromáticas.

Saladas e Acompanhamentos

1. Lave e demolhe as sementes por 24h; escorra e coloque numa rede ou saco de pano; passe por água corrente de 12 em 12 horas até atingir o tamanho pretendido.

2. Consuma os brotos em saladas, salteados, sopas, sanduíches ou smoothies.

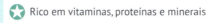

Germinados

(como germinar sementes em casa?)

1 c. sopa de sementes à escolha

água q. b.

1. Escolha sementes com a casca (ou pele) intacta, de preferência orgânicas. Lave em água corrente e coloque-as num recipiente cobertas com água, por 24 horas, renovando a água na metade do tempo. Guarde num local ao abrigo da luz (por exemplo, dentro do armário).

2. Escorra a água e coloque as sementes num recipiente ventilado: um saco de tecido (pendurado para a água escorrer), uma rede fina, um frasco ou uma peneira sobre uma base. As sementes devem receber luz indireta e ficar ligeiramente úmidas (mas sem água). Passe-as em água corrente e escorra, de 12 em 12 horas, por 2 a 7 dias, até o broto atingir o tamanho adequado.

3. Consuma os germinados das hortaliças, de preferência crus, em saladas, smoothies ou sanduíches. As leguminosas germinadas são mais bem digeridas depois de levemente cozidas; podem ser salteadas ou usadas em sopas. Os cereais e as oleaginosas germinadas podem ser usados no preparo de leites vegetais caseiros.

A germinação potencializa os nutrientes, a digestão e a vitalidade dos alimentos.

HORTÍCOLAS:
*sementes de alfafa * sementes de rúcula * sementes de brócolis * sementes de rabanete * sementes de mostarda * etc.*

LEGUMINOSAS:
*lentilhas * feijão-azuqui * feijão-verde * feijão-fradinho * etc.*

CEREAIS:
*quinoa * aveia em grão * trigo em grão * cevada em grão * etc.*

OLEAGINOSAS:
*amêndoas * avelãs * amendoim * etc.*

⭐ Rico em antioxidantes, vitaminas C, A e do complexo B e ferro

🕐 5 min.
2 porções
Muito fácil

Salada arco-íris

1. Corte os tomates-cereja e as uvas ao meio ou em quartos. Corte o pepino e a maçã em pequenos triângulos. Pique finamente o aipo, a cebola e o coentro. Junte as sementes de romã.

2. Coloque numa travessa de servir e tempere com um fio de azeite, suco de limão, sal, manjericão em pó e orégano.

A combinação refrescante do tomate e da fruta torna esta salada muito rica em vitamina C.

6 tomates-cereja vermelhos
6 tomates-cereja amarelos
10 uvas-brancas
½ pepino
1 maçã
1 talo de aipo tenro
¼ de cebola roxa
2 raminhos de coentro ou de salsa
2 c. sopa de sementes de romã
suco de limão ou de lima q. b.
sal e azeite q. b.
manjericão em pó
e orégano q. b.

- 5 min.
- 2-4 porções
- Muito fácil

Rico em antioxidantes, vitaminas A, C e do complexo B e ferro

Salada roxa

½ repolho-roxo pequeno

1 maçã grande

1 pedaço de cebola roxa (opcional)

1 raminho de coentro

2 c. sopa de uvas-passas

suco de limão ou de laranja q. b.

sal e azeite q. b.

orégano q. b.

1. Lave e corte o repolho em julienne. Rale a maçã e pique a cebola (se usar) e o coentro finamente.

2. Num recipiente, misture o repolho, a maçã, a cebola, o coentro e as uvas-passas. Tempere com um fio de azeite, suco de limão ou de laranja, sal e orégano. Se desejar, sirva com maionese ou iogurte natural de soja.

Estas saladas proteicas são uma boa solução para refeições fora de casa.

Rico em proteínas, ferro, cálcio, magnésio, fósforo e ácido fólico

Salada de lentilhas com fruta seca

1 xíc. de lentilhas verdes

2 xíc. de água

½ caldo de legumes

½ cebola roxa (opcional)

1 ramo de salsa e coentro

4 figos secos

4 damascos

2 c. sopa de uvas-passas

azeite, pimenta-do-reino e suco de lima para temperar

1. Lave as lentilhas e cozinhe em 2 xícaras de água com o caldo de legumes, por cerca de 15 a 20 minutos ou até estarem *al dente*. Escorra e passe em água fria numa peneira; adicione um fio de azeite.

2. Pique a cebola, a salsa, o coentro, os figos e os damascos; misture com as lentilhas e as uvas-passas. Tempere com um fio de azeite, pimenta-do-reino e suco de lima. Se quiser, sirva com iogurte natural ou com maionese vegetal.

 Rico em proteínas, ferro, cálcio e vitaminas C e B6

Salada mexicana de feijão

1. Escorra o feijão e o milho (se usar milho em conserva, passe em água corrente). Corte o abacate em cubinhos e os tomates-cereja ao meio ou em quatro. Pique a cebola, o pepino, o pimentão, a salsa e o coentro finamente.

2. Coloque numa travessa e tempere com sal, pimenta-do-reino e pimenta-de-caiena, azeite e suco de limão; se preferir, junte maionese. Sirva como acompanhamento ou como prato principal.

2 xíc. de feijão-vermelho cozido

1 xíc. de milho

1 abacate maduro

10 tomates-cereja

½ cebola roxa picada

½ pepino

pimentão verde e vermelho a gosto

1 ramo de salsa e coentro

pimenta-do-reino e pimenta-de-caiena q. b.

sal, azeite e suco de limão q. b.

1h Marinar: 30 min.
4 porções
Fácil

⭐ Rico em ferro, cálcio, ácido fólico, proteínas e ômega 6

Legumes grelhados com broa de milho

1 berinjela

1 abobrinha

2 cenouras

1 chuchu

1 nabo

1 cebola

1 tomate maduro

½ pimentão vermelho

½ pimentão verde

6 quiabos

8 castanhas

4 dentes de alho

sal marinho e azeite q. b.

páprica doce, manjericão em pó, tomilho e pimenta-do--reino q. b.

salsa e coentro para servir

PARA A CROSTA DE BROA

200 g de broa de milho

2 raminhos de salsa

1 dente de alho

azeite q. b.

1. Lave e corte os legumes (exceto os quiabos). Esmague as castanhas com a lâmina de uma faca e pique o alho. Coloque tudo num recipiente e tempere com sal marinho, páprica doce, manjericão, tomilho e pimenta-do-reino. Misture bem e deixe marinar, pelo menos, durante 30 minutos.

2. Preaqueça o forno a 220 °C na função de grelhador. Forre uma assadeira com papel vegetal e espalhe os legumes de modo que não fiquem sobrepostos. Deixe grelhar por cerca de 35 a 40 minutos ou até ficarem macios e dourados, mexendo na metade do tempo.

3. Corte a broa de milho em pedaços; triture no processador com um fio de azeite, a salsa e o alho, obtendo uma farofa. Coloque sobre os legumes assados e leve ao forno por mais 10 minutos ou até obter uma crosta dourada e crocante. Sirva quente e polvilhe com coentro e salsa picada.

Rico em hidratos de carbono, vitaminas A e do complexo B e ômega 6

Purê de batata-doce e maçã verde

20 min.
2 porções
Fácil

1. Descasque as batatas, corte em fatias grossas e cozinhe em água com sal. Dois minutos antes de apagar o fogo, adicione a maçã inteira (descascada e sem caroço). Retire do fogo e escorra.

2. Junte a manteiga (ou o azeite) e esmague com um amassador ou garfo, até obter um purê homogêneo. Misture a erva-doce (opcional) picada e tempere com sal, manjericão em pó e pimenta-do-reino. Sirva quente.

500 g de batata-doce
1 maçã verde
1 a 2 c. sopa de margarina ou 1 c. sopa de azeite
1 raminho de erva-doce (opcional)
sal marinho q. b.
manjericão em pó e pimenta-do-reino q. b.

15 min.
4 porções
Fácil

 Rico em hidratos de carbono, cálcio, ferro, ácido fólico e ômega 6

Farofa de banana e abobrinha

1 cebola grande
4 dentes de alho
1 abobrinha ou ½ repolho
1 banana grande
1 ramo de salsa
1 xíc. de farinha de milho
sal e azeite q. b.
páprica doce, manjericão, tomilho e pimenta-do-reino q. b.

1. Pique a cebola e o alho. Rale grosseiramente a abobrinha, corte a banana em rodelas e pique a salsa finamente.

2. Leve ao fogo uma frigideira antiaderente com um fio de azeite e salteie o alho e a cebola até esta ficar macia. Junte a abobrinha e deixe murchar. Adicione a banana, a farinha de milho e a salsa (reserve alguma para servir); tempere com sal, páprica doce, manjericão, tomilho e pimenta-do-reino. Deixe cozinhar por cerca de 4 minutos ou até a farofa dourar, sem parar de mexer. Sirva quente polvilhada com salsa picada.

Rápidos e fáceis de preparar, estes pratos surpreendem pelo sabor agridoce.

Rico em hidratos de carbono, proteínas, fibras e vitaminas do complexo B

15 min.
4-6 porções
Fácil

Triguilho com fruta

1. Numa panela com um fio de azeite, salteie o triguilho com o alho inteiro por 1 minuto ou até dourar. Adicione a água, o caldo de legumes, o manjericão e o sal, mexendo para dissolver o caldo. Tampe e deixe cozinhar durante 10 minutos ou até absorver completamente a água. Apague o fogo e deixe repousar, tampado, por 5 minutos. Retire o alho inteiro e o raminho de manjericão; solte os grãos de triguilho com um garfo e deixe esfriar.

2. Corte a maçã em cubinhos, separe as sementes de romã e corte as uvas ao meio. Pique finamente a cebola (se usar), a salsa e o coentro.

3. Numa travessa de servir, misture o triguilho, a maçã, as uvas, a romã, a cebola, salsa e coentro. Tempere com um fio de azeite e suco de limão.

1 xíc de triguilho
1 dente de alho
2 xíc. de água
½ caldo de legumes orgânico
1 raminho de manjericão (opcional)
1 c. chá de sal marinho
1 maçã
½ romã
10 uvas
¼ de cebola roxa (opcional)
suco de limão q. b.
azeite q. b.
salsa e coentro para servir

Rico em proteínas, ferro, magnésio, hidratos de carbono, cálcio e ômega 6

25 min.
4-6 porções
Fácil

Tabule de quinoa

1. Lave a quinoa com água morna, mexa e coe; repita duas ou três vezes (para remover a goma típica da quinoa).

2. Salteie o alho inteiro e a quinoa num fio de azeite, por 1 minuto, sem parar de mexer. Junte a água, o raminho de manjericão, o caldo de legumes e sal, mexendo para dissolver o caldo. Tampe e deixe cozinhar em fogo brando por cerca de 10 minutos ou até a água ser absorvida. Apague o fogo, retire o alho e o manjericão, e mantenha tampado por mais 5 minutos.

3. Coloque a quinoa num recipiente para esfriar; solte os grãos com um garfo.

4. Pique finamente a cebola, o tomate, o pimentão, o pepino, as azeitonas e as ervas aromáticas.

5. Misture todos os ingredientes no recipiente e tempere com um fio de azeite, suco de limão e pimenta-do-reino moída na hora.

PARA A QUINOA
1 xíc. de quinoa
1 dente de alho
1 ½ xíc. de água
1 raminho de manjericão
½ caldo de legumes orgânico
sal marinho e azeite q. b.

PARA O TABULE
½ cebola roxa
2 tomates maduros ou 10 tomates-cereja
¼ de pimentão
½ pepino
6 azeitonas
coentro, salsa e hortelã q. b.
azeite e suco de limão q. b.
pimenta-do-reino (opcional) q. b.

A quinoa contém proteínas com todos os aminoácidos essenciais; é um acompanhamento valioso.

⭐ Rico em hidratos de carbono, proteínas, cálcio e ômega 6

Cuscuz com cúrcuma e frutas secas

1 xíc. de cuscuz

1 dente de alho

1 c. café de cúrcuma

2 sementes de cardamomo

1 ½ xíc. de água fervente

1 c. café de sal

½ tablete de caldo de legumes orgânico

½ limão (suco)

6 tomates-cereja (opcional)

½ xíc. de mix de sementes e frutas secas (p. 48)

azeite q. b.

salsa e coentro q. b.

1. Coloque o cuscuz num recipiente com tampa. Adicione 1 colher de sopa de azeite, o alho, a cúrcuma e as sementes de cardamomo.

2. Ferva a água e dissolva o sal e o caldo de legumes. Despeje sobre o cuscuz e tampe imediatamente. Deixe repousar durante 10 minutos, cobrindo o recipiente com uma toalha de mesa para manter o calor.

3. Retire o alho e solte os grãos do cuscuz com um garfo. Tempere com um fio de azeite e o suco de limão. Junte salsa e coentro picados, os tomates-cereja e a mistura de sementes e frutas secas. Sirva frio.

 Rico em hidratos de carbono, proteínas e vitaminas do complexo B

Arroz basmati com beterraba

1. Lave e escorra o arroz. Descasque e rale finamente a beterraba.

2. Aqueça uma panela com um fio de azeite e salteie o arroz, o alho inteiro, a cúrcuma e as sementes de cardamomo, por cerca de 2 minutos. Junte a água, a beterraba, as folhas de lima, o sal e o caldo de legumes; mexa bem. Deixe cozinhar por cerca de 10 minutos ou até a água ser absorvida; retire o alho inteiro, as sementes e as folhas. Sirva com raspas de lima e sementes de romã.

1 xíc. de arroz basmati

1 beterraba pequena

1 dente de alho

1 c. café de cúrcuma

4 sementes de cardamomo (opcional)

2 xíc. de água

2 folhas de lima ou 2 raminhos de manjericão

1 c. chá de sal

½ tablete de caldo de legumes orgânico

azeite q. b.

raspas de lima e sementes de romã para servir

⭐ Rico em cálcio, vitaminas C e do complexo B, e hidratos de carbono

10 min.
2-4 porções
Fácil

"Arroz" de couve-flor

1. Lave e seque a couve-flor (com papel absorvente). Rale os floretes de couve-flor num ralador grosso (não utilize o caule). Pique finamente o alho.

2. Numa *wok* ou frigideira antiaderente untada com um fio de azeite, salteie a couve-flor, o alho e o tomate seco, sem parar de mexer, por cerca de 3 a 5 minutos. Adicione o sal e o manjericão e misture bem. Polvilhe com salsa picada e sirva quente ou frio, em substituição ao arroz tradicional.

400 g de couve-flor
1 dente de alho
1 c. chá de tomate seco picado (opcional)
1 c. café de sal
½ c. café de manjericão em pó
1 raminho de salsa
azeite q. b.

 Rico em cálcio, ferro, proteínas, caroteno e fibras

10 min.
2-4 porções
Fácil

Salteado de brócolis e aspargos com amendoim

150 g de brócolis
150 g de aspargos
2 dentes de alho
1 c. chá de molho de soja
1 c. sopa de amendoim
azeite q. b.

1. Lave e corte os brócolis e os aspargos em pedacinhos. Pique finamente o alho.

2. Numa *wok* ou frigideira antiaderente untada com um fio de azeite, salteie os brócolis, os aspargos e o alho, sem parar de mexer, em fogo alto, por cerca de 5 minutos. Salpique com o molho de soja, junte os amendoins e misture bem. Retire do fogo e sirva quente.

★ Rico em ferro, cálcio, vitamina A, potássio e ômega 6

15 min.
4 porções
Fácil

Guisado de acelgas

1. Lave a acelga, escalde-a em água fervente com sal e escorra bem. Numa tábua de cozinha, pique a acelga, o alho e as goji berry.

2. Leve ao fogo uma frigideira antiaderente com um fio de azeite e salteie o alho por alguns segundos; junte a acelga, tempere com sal (se precisar) e mexa.

3. Dissolva a farinha com o leite e despeje na frigideira. Misture e deixe cozinhar até engrossar. Tempere com noz-moscada ou cominho. Sirva com as goji berry picadas.

1 pé pequeno de acelga
4 dentes de alho
1 c. sopa de goji berry
1 c. sopa de farinha de milho
2 c. sopa de leite vegetal sem açúcar
sal marinho e azeite q. b.
noz-moscada ou cominho q. b.

Sobremesas

Para uma festa ou ocasião especial, adoce o momento com uma sobremesa leve e saudável. Pode-se preparar um bolo vistoso ou uma torta de fruta cremosa, sem usar ovos e sem o excesso de calorias e de colesterol associados aos bolos tradicionais. Assim, é possível pegar mais uma fatia, com prazer e sem a sensação de "culpa".

Algumas sugestões

- Para tornar as sobremesas mais completas em nutrientes, use sempre uma parte de farinha de trigo integral e outra parte refinada; ou combine a farinha de trigo com outras (por exemplo, espelta ou aveia). A farinha de espelta é a que melhor substitui a farinha de trigo, pois proporciona resultados semelhantes.
- Para os bolos sem glúten, opte por um preparado de farinhas para bolos sem glúten e combine com farinha de arroz integral ou de trigo-sarraceno. Pode-se também preparar em casa uma mistura sem glúten, combinando farinhas de arroz, de milho, de amido de milho, de trigo-sarraceno, de grão-de-bico ou de fécula de batata. A aveia é um cereal sem glúten, mas pode contê-lo por contaminação; procure o símbolo sem glúten na embalagem, para certificar-se de que pode usá-la.
- As farinhas sem glúten têm menos elasticidade e tendem a endurecer após a confecção. Preparar bolos sem glúten e sem ovos requer maior quantidade de ingredientes líquidos (como leite vegetal, água, suco natural ou purê de fruta) e uma mistura de sementes (como linhaça triturada ou sementes de chia).
- Não use açúcar branco refinado; recorra ao açúcar demerara ou o açúcar mascavo, pois são menos processados, de absorção mais lenta e com maior teor de nutrientes.
- Se preferir, substitua o açúcar mascavo claro pelo açúcar de coco. Este tem uma textura idêntica, é menos calórico, contém mais nutrientes e possui um índice glicêmico mais baixo. Contudo, é mais caro e menos acessível.
- Pode-se substituir o açúcar por um purê de fruta caseiro. Cozinhe 1 maçã e 14 tâmaras no vapor e triture. O bolo ficará mais denso.
- As geleias naturais são uma boa opção para adoçar bolos e tortas. Pode-se recorrer à geleia de arroz ou de milho, malte de cevada e xarope de agave ou de ácer. Se substituir o açúcar por um adoçante líquido, reduza a quantidade de leite (ou suco) sugerido na receita, para evitar que a massa fique muito fluida.
- Pode-se usar azeite em vez de óleo de girassol (mas em menor quantidade).
- Se optar por não usar gordura, substitua o óleo ou a manteiga vegetal pela mesma quantidade de purê de fruta. Lembre-se, porém, de que o bolo poderá ficar denso.

Bolos e Tortas

⭐ Rico em hidratos de carbono, vitaminas C e do complexo B e cálcio

Bolo delícia de morango

1 ½ xíc. de farinha de trigo ou de espelta

½ xíc. de farinha de trigo integral

1 xíc. de açúcar demerara, açúcar mascavo ou de açúcar de coco

1 c. sopa de sementes de papoula

1 c. chá de canela em pó

1 c. sopa de fermento em pó

1 c. café de bicarbonato de sódio

1 ¼ xíc. de leite de aveia, de amêndoa ou de soja

½ xíc. de óleo + um pouco para untar

1 c. sopa de suco de limão + raspas de ½ limão

1 xíc. de morangos picados

COBERTURA

100 g de creme de leite de soja para sobremesas

1 c. sopa de açúcar demerara (opcional)

1 c. chá de suco de limão + raspas de ½ limão

2 c. sopa de doce de morango

morangos e sementes de papoula para decorar

1. Coloque num recipiente grande os ingredientes secos, passando-os por uma peneira: as farinhas, o açúcar, as sementes de papoula, a canela, o fermento e o bicarbonato.

2. Num recipiente menor, misture o leite, o óleo e o suco de limão. Despeje a mistura no recipiente das farinhas, batendo com um *fouet*; mexa por cerca de 1 minuto para ligar os ingredientes e obter uma massa homogênea. Junte as raspas de limão e os morangos picados, e misture levemente.

3. Unte uma fôrma com óleo e polvilhe com farinha. Leve a massa ao forno preaquecido a 180 °C durante 25 a 30 minutos (verifique se está bem assado espetando um palito no centro do bolo). Desenforme depois de esfriar.

4. Prepare a cobertura. Bata o creme de leite com o açúcar e o suco e as raspas de limão até ficarem firmes (use um *fouet* ou uma batedeira elétrica). Adicione o doce de morango e misture levemente.

5. Espalhe o creme com uma espátula sobre o bolo. Decore com as sementes de papoula e os morangos (sem retirar os pedúnculos). Guarde na geladeira e sirva frio.

Rico em hidratos de carbono, cálcio, magnésio e ômegas 3 e 6

Bolo de limão e cranberries
(sem glúten)

1. Misture as sementes de chia com a água quente e reserve por 15 minutos ou até formar um gel.

2. Num recipiente grande, misture as farinhas, a amêndoa moída, o açúcar, a canela, o fermento, o bicarbonato e o sal.

3. Em outro recipiente, misture o suco de maçã, a água fria, o óleo, o suco de limão e as sementes de chia hidratadas. Despeje essa mistura no recipiente das farinhas e bata com um *fouet*, por cerca de 1 minuto, para obter uma massa homogênea.

4. Pique as cranberries com uma faca afiada, envolva-as com 1 colher de chá de farinha e sacuda para retirar o excesso. Adicione as cranberries picadas e as raspas de limão na massa e misture delicadamente.

5. Unte uma fôrma com óleo e polvilhe com farinha. Despeje a massa e leve ao forno preaquecido a 180 °C durante 35 a 40 minutos (verifique se está bem assado espetando um palito no centro do bolo). Desenforme depois de esfriar.

6. Prepare a cobertura. Toste a amêndoa laminada numa frigideira antiaderente (sem gordura), em fogo baixo, por cerca de 2 minutos ou até dourar. Espalhe a geleia de arroz em fio sobre o bolo e polvilhe com a amêndoa laminada. Sirva frio.

1 c. sopa de sementes de chia

3 c. sopa de água quente

1 xíc. de farinha sem glúten para bolos

½ xíc. de farinha de arroz integral + 1 c. chá

½ xíc. de amêndoa moída ou de farinha de milho

¾ xíc. de açúcar de coco ou de açúcar mascavo

1 c. café de canela em pó

1 c. sopa de fermento

1 c. café de bicarbonato de sódio

uma pitada de sal

½ xíc. de suco natural de maçã

¾ xíc. de água fria

½ xíc. de óleo + um pouco para untar

1 c. sopa de suco de limão + raspas de 2 limões

½ xíc. de cranberries ou uvas-passas

COBERTURA (OPCIONAL)

2 c. sopa de amêndoa laminada

2 c. sopa de geleia de arroz

Rico em hidratos de carbono, proteínas, fibras e vitaminas A e do complexo B

50 min.
10 fatias
Fácil

Bolo de alfarroba com creme de leite e chocolate

1. Num recipiente grande, misture os ingredientes secos, passando-os por uma peneira: as farinhas de trigo, o açúcar, a alfarroba, o cacau, o gengibre, a linhaça, o fermento e o bicarbonato. À parte, misture o leite, o óleo, o suco de limão e o extrato de baunilha. Despeje essa mistura no recipiente das farinhas e bata com um *fouet*, por cerca de 1 minuto, até obter uma massa homogênea. Repita a receita caso pretenda fazer um bolo duplo.

2. Unte a fôrma (ou as fôrmas) com óleo e polvilhe com farinha. Despeje a massa e leve ao forno preaquecido a 180 °C durante 25 a 30 minutos (verifique se está assado espetando um palito no centro do bolo). Retire do forno e desenforme depois de esfriar.

3. Prepare o recheio. Bata o creme de leite com o suco e as raspas de limão, até ficarem firmes (use um *fouet* ou uma batedeira elétrica). Adicione o doce e misture levemente. Guarde na geladeira.

4. Para a cobertura, leve ao fogo o creme de leite e o açúcar até dissolver. Retire do fogo e junte o chocolate, mexendo até derreter. Use morno.

5. Num prato de servir, coloque o primeiro bolo e espalhe o recheio de creme de leite sobre ele. Coloque o outro bolo por cima e cubra-o com a cobertura de chocolate ainda morna. Decore com folhinhas de hortelã e frutas vermelhas (secas em papel absorvente).

NOTA: *Pode preparar apenas 1 bolo e cobrir com o creme de leite ou com o creme de chocolate. Se optar pela versão dupla, duplique a receita da massa.*

MASSA (POR BOLO)

1 xíc. de farinha de trigo ou de espelta

1 xíc. de farinha de trigo integral

1 ¼ xíc. de açúcar demerara ou 1 xíc. de açúcar de coco

3 c. sopa de farinha de alfarroba

1 c. sopa de cacau ou chocolate em pó

1 c. café de gengibre em pó

1 c. sopa de linhaça moída

1 c. sopa de fermento em pó

1 c. café de bicarbonato de sódio

1 xíc. de leite vegetal

½ xíc. de óleo + um pouco para untar

1 c. sopa de suco de limão

1 c. café de extrato de baunilha (opcional)

RECHEIO DE CREME DE LEITE

100 g de creme de leite de soja para sobremesas

½ limão (raspas e suco)

1 c. sopa de açúcar demerara (opcional)

2 c. sopa de doce de frutas vermelhas

COBERTURA

4 c. sopa de creme de leite ou de leite de soja

1 a 2 c. sopa de açúcar demerara

100 g de chocolate meio amargo

frutas vermelhas e hortelã para decorar

 Rico em hidratos de carbono, lipídios, fibras, licopeno e vitamina A

Torta de pêssego

1 xíc. de farinha de trigo ou de espelta

1 xíc. de farinha de trigo integral

¾ xíc. de açúcar mascavo ou de açúcar de coco

1 c. sobremesa de fermento em pó

1 c. café de bicarbonato de sódio

1 c. café de canela em pó

1 xíc. de suco natural de maçã ou de leite vegetal

¼ xíc. de óleo ou de azeite + um pouco para untar

½ limão (suco e raspas)

4 pêssegos doces (nectarinas)

1. Coloque numa taça grande os ingredientes secos, passando-os por uma peneira: as farinhas, o açúcar, o fermento, o bicarbonato e a canela.

2. Em outro recipiente, misture o suco de maçã, o óleo e o suco de limão. Despeje essa mistura no recipiente das farinhas e bata com um *fouet*, por cerca de 1 minuto, até obter uma massa homogênea. Adicione as raspas de limão e misture.

3. Unte uma fôrma de torta com óleo e polvilhe com farinha. Despeje a massa. Corte os pêssegos em fatias finas (com a pele) e disponha-os sobre a massa. Leve ao forno preaquecido a 180 °C por 30 a 35 minutos ou até dourar (verifique se a torta está pronta espetando um palito). Sirva morna ou fria.

Rico em hidratos de carbono, proteínas, fibras e vitamina C

Torta de abóbora e tangerina
(sem glúten)

1. Descasque e corte a abóbora em cubos. Raspe as tangerinas e reserve; coloque o suco em um copo.

2. Leve ao fogo uma panela com a abóbora, o suco das tangerinas e os paus de canela; deixe cozinhar por cerca de 20 minutos. Retire os paus de canela e triture para obter um creme. Deixe esfriar.

3. Coloque o purê de abóbora (cerca de 2 xícaras) num recipiente grande. Adicione o óleo, o açúcar, a farinha, o coco, a linhaça, a canela em pó, o gengibre, o fermento, o bicarbonato de sódio e as raspas das 4 tangerinas, mexendo com um *fouet* a cada adição.

4. Unte uma fôrma de fundo removível com óleo, despeje a massa e alise a superfície. Fatie 4 tangerinas finamente (com uma faca larga e serrilhada), retire os caroços e disponha as fatias sobre a massa. Leve ao forno a 180 °C por cerca de 30 minutos. Sirva fria.

NOTA: *Para preparar a torta sem açúcar, triture 1 xícara de tâmaras (sem caroço) com 2 colheres de sopa de geleia de arroz, e adicione ao purê de abóbora.*

500 g de abóbora

4 tangerinas (suco e raspas)

2 paus de canela

4 c. sopa de óleo de girassol ou azeite ou óleo de coco + um pouco para untar

½ xíc. de açúcar mascavo ou de açúcar de coco

1 xíc. de farinha sem glúten para bolos

½ xíc. de coco ralado

1 c. sopa de linhaça (opcional)

1 c. chá de canela em pó

½ c. café de gengibre em pó (opcional)

1 c. sobremesa de fermento em pó

1 c. café de bicarbonato de sódio

4 tangerinas pequenas para decorar

Os figos silvestres são deliciosos quando estão no ponto de maturação.

- 50 min.
- 8-10 fatias
- Médio

Rico em hidratos de carbono, lipídios, fibras, vitamina E e cálcio

Torta de figo e amêndoa

1 iogurte natural de soja

½ xíc. de leite vegetal ou de água fria

¼ xíc. de óleo ou de azeite + um pouco para untar

1 c. sobremesa de suco de limão + raspas de ½ limão

½ xíc. de açúcar mascavo ou de açúcar de coco

1 xíc. de farinha de trigo ou de espelta

½ xíc. de amêndoa moída

1 c. chá de canela em pó uma pitada de noz-moscada (opcional)

1 c. sobremesa de fermento em pó

10 figos doces pequenos (500 g)

2 c. sopa de amêndoa picada

1. Num recipiente grande, misture o iogurte, o leite, o óleo e o suco de limão, mexendo com um *fouet*. Junte o açúcar, a farinha, a amêndoa moída, a canela, a noz-moscada e o fermento, batendo entre cada adição, até obter uma massa homogênea. Acrescente as raspas de limão e misture bem.

2. Unte com óleo uma fôrma de torta e polvilhe com farinha. Despeje a massa e alise a superfície.

3. Extraia a polpa de metade dos figos e distribua por cima da massa. Corte os figos restantes em fatias finas (com uma faca larga e serrilhada) e distribua uniformemente pela superfície da torta. Polvilhe com a amêndoa picada.

4. Leve ao forno preaquecido a 180 °C durante cerca de 40 minutos ou até dourar (verifique se está bem assado espetando um palito no centro da torta). Sirva morna ou fria.

NOTA: *Para preparar a receita sem glúten, substitua a farinha de trigo por 1 xícara de farinha sem glúten para bolos e aumente o leite vegetal para ¾ de xícara.*

Rico em fibras, vitaminas A, do complexo B e C, cálcio e ferro

45 min.
8-10 fatias
Difícil

Torta de maçã, pera e ameixa seca

(sem açúcar)

1. Prepare a base. Num recipiente, misture as farinhas, a canela e o sal (se usar açúcar, adicione nessa fase). À parte, misture o suco de maçã, o óleo e o agave; despeje essa mistura no recipiente das farinhas e misture rapidamente todos os ingredientes, formando uma bola que se desprende do fundo do recipiente (se precisar, ajuste a farinha para moldar). Envolva a massa em plástico filme e deixe repousar por 15 minutos na geladeira.

2. Descasque as maçãs e as peras e corte-as em fatias finas. Retire os caroços das ameixas secas e corte-as em pedaços. Cozinhe as frutas com o pau de canela e 2 colheres de sopa de água numa panela tampada, em fogo brando, por 15 minutos ou até que forme um purê macio e doce; junte o ágar-ágar e deixe ferver por cerca de 3 minutos. Retire do fogo e misture o agave e as raspas de limão.

3. Estique a massa com o rolo sobre uma folha de papel vegetal ou sobre o plástico filme e transfira-a para uma fôrma de fundo removível; espete o fundo com um garfo e apare as bordas. Faça uma bola com as sobras da massa e estique com o rolo; corte tiras finas com uma faca afiada ou com um cortador de pizza e reserve.

4. Leve a base ao forno preaquecido a 180 °C por 10 minutos. Retire, coloque o recheio de frutas e polvilhe com canela. Decore a superfície com as tiras de massa, cruzando-as. Leve de novo ao forno por 10 a 15 minutos. Sirva a torta fria.

BASE

1 xíc. de farinha de trigo

½ xíc. de farinha de trigo integral

1 c. chá de canela em pó

uma pitada de sal

½ xíc. de suco natural de maçã ou de água

5 c. sopa de óleo ou 3 c. sopa de azeite

2 c. sopa de xarope de agave ou de geleia de arroz ou de açúcar

RECHEIO

6 maçãs doces

6 peras maduras

10 ameixas secas

1 pau de canela

2 c. sopa de água

2 c. sobremesa de ágar-ágar em flocos

4 c. sopa de xarope de agave ou de geleia de arroz

1 limão (raspas)

canela em pó para polvilhar

Rico em cálcio, ferro, magnésio, fósforo, fibras e ômegas 3 e 6

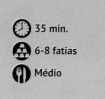
35 min.
6-8 fatias
Médio

Torta de amêndoa, avelã e noz-pecã

(sem açúcar)

1. Prepare a base. Num recipiente, misture as farinhas, a canela, a erva-doce, o sal e o açúcar de coco (se usar). À parte, misture o leite e o óleo; despeje essa mistura no recipiente das farinhas, mexa rapidamente e forme uma bola de massa com as mãos. Envolva em plástico filme e deixe repousar por 15 minutos na geladeira.

2. Estique a massa com o rolo sobre uma folha de papel vegetal (ou sobre plástico filme) e transfira-a para uma fôrma de torta retangular (de 30 cm x 10 cm) ou redonda (de 20 cm) previamente untada com óleo; espete o fundo com um garfo e apare as bordas.

3. Prepare o recheio. Reserve algumas frutas secas inteiras para decorar. Pique o resto grosseiramente com uma faca afiada e toste numa frigideira antiaderente (sem gordura), em fogo brando, por cerca de 5 minutos.

4. Triture as tâmaras no processador e junte o leite para obter um creme. Passe para uma tigela e misture a manteiga derretida, o amido, as sementes de chia, a canela e o extrato de baunilha, mexendo entre cada adição. Prove a massa e, se desejar, acrescente o açúcar de coco. Adicione as frutas secas e misture suavemente.

5. Despeje o recheio sobre a massa, e alise; decore com as amêndoas, as avelãs e as nozes-pecãs inteiras que reservou. Leve ao forno preaquecido a 180 °C, por cerca de 25 minutos. Retire e pincele com geleia de arroz. Sirva a torta fria.

BASE

½ xíc. de farinha de trigo ou de espelta

½ xíc. de farinha de trigo integral

2 c. chá de canela em pó

½ c. café de erva-doce (opcional)

uma pitada de sal

1 c. sopa de açúcar de coco (opcional)

5 c. sopa de leite vegetal ou de suco natural de maçã

3 c. sopa de óleo de girassol ou de coco + um pouco para untar

RECHEIO

1 xíc. de mistura de amêndoas, avelãs e nozes-pecãs

1 xíc. de tâmaras sem caroço

½ xíc. de leite vegetal

3 c. sopa de margarina

3 c. sopa de amido de milho

1 c. sopa de sementes de chia

1 c. chá de canela em pó

1 c. café de extrato de baunilha (opcional)

2 c. sopa de açúcar de coco (opcional)

geleia de arroz para pincelar (opcional)

⏰ 40 min.
🍽 6 un.
🍴 Médio

 Rico em hidratos de carbono, fibras, vitaminas A e C, proteínas e ferro

Pastéis de castanha

(sem açúcar)

250 g de castanhas sem pele

1 c. café de erva-doce

2 maçãs doces

2 c. sopa de água

4 c. sopa de margarina + 2 c. para pincelar

4 c. sopa de geleia de arroz ou de xarope de agave

1 c. chá de canela em pó

1 limão pequeno (raspas)

6 folhas de massa filo

canela em pó e açúcar de coco para polvilhar (opcional)

1. Cozinhe as castanhas com a erva-doce e escorra. Numa panela tampada, cozinhe as maçãs sem caroço e cortadas em fatias com a quantidade de água indicada, por 15 minutos ou até ficarem macias. Escorra.

2. Misture as castanhas cozidas, a maçã cozida, 4 colheres de sopa de manteiga e a geleia. Triture no processador ou com o *mixer* para obter um creme espesso e homogêneo. Adicione a canela e as raspas de limão e misture.

3. Abra uma folha de massa filo, dobre em 4 e, com uma faca afiada, corte 4 retângulos. Pincele cada um com manteiga derretida (ou água) e sobreponha-os. Coloque uma colherada de recheio no centro e espalhe no sentido do comprimento. Dobre a massa sobre o creme, sem apertar, e revire as pontas para cima. Repita o processo para as 4 folhas.

4. Coloque os pastéis numa assadeira forrada com papel vegetal e leve ao forno preaquecido a 210 °C, por cerca de 15 minutos. Retire, deixe esfriar sobre uma grade de metal e polvilhe com canela em pó e açúcar de coco (opcional).

Quem resiste a uma sobremesa cremosa, deliciosa e repleta de fruta? Você pode preparar sobremesas sem lactose, sem açúcares refinados e sem gorduras saturadas, para saborear e oferecer a toda família com confiança e todo o prazer.

Algumas sugestões

- A alga ágar-ágar pode ser encontrada em lojas especializadas e em alguns hipermercados, em flocos ou em pó. Essa alga é muito rica em cálcio, ferro e outros minerais. Tem propriedades aglutinantes semelhantes às da gelatina, por isso é usada no preparo de gelatinas vegetais ou para dar consistência a pudins.
- Deve-se diluir o ágar-ágar em água, suco ou leite, e ferver durante 3 a 5 minutos para ativar o efeito aglutinante. Para obter um resultado homogêneo e liso, no final bata essa mistura (no caso do preparo de gelatinas e pudins).
- Escolha creme de leite de soja para bater, adequado para sobremesas, pois o creme de leite para cozinhar não dá a consistência nem a textura apropriadas.
- Use cacau em pó, de preferência cru e sem açúcar (que pode ser encontrado em lojas especializadas) ou opte por chocolate em pó.
- Escolha um bom chocolate em tablete, sem leite e com pelo menos 52% de cacau.
- Escolha margarina 100% vegetal ou manteiga para usar nas receitas.
- Para preparar leite condensado caseiro, dilua 2 colheres de sopa de amido de milho em ½ xícara de água; junte 1 xícara de leite vegetal, 1 colher de sopa de margarina e 1 colher de café de extrato de baunilha; leve para cozinhar em fogo brando até engrossar, sem parar de mexer. Guarde na geladeira por até 3 dias e use nas suas receitas preferidas.
- Aproveite para congelar alguma fruta da época (como amoras selvagens, mirtilos e polpa de maracujá) para usar ao longo do ano nas suas sobremesas. Poderá igualmente cortar as bananas muito maduras em rodelas e usá-las mais tarde em smoothies, sorvetes e outras sobremesas.

Doces Gelados

 Rico em cálcio, ferro, zinco e vitamina C

Gelatina de abacaxi

500 ml de suco natural de abacaxi

250 ml de água

1 c. sopa (rasa) de ágar-ágar em flocos

2 c. sopa de geleia de arroz ou de xarope de agave (opcional)

1. Leve ao fogo metade do suco, a água e o ágar-ágar. Deixe ferver durante cerca de 3 a 5 minutos, junte o restante do suco e a geleia de arroz e retire do fogo. Triture com o *mixer* até obter uma consistência lisa e homogênea (separe a espuma). Despeje imediatamente em taças individuais, deixe esfriar e guarde na geladeira.

 Rico em cálcio, ferro, fósforo e zinco

Pudim de chocolate

1. Com um *fouet* dissolva completamente o amido e o cacau num pouco de leite frio. Junte o restante do leite, o açúcar, o ágar-ágar, a canela, o vinho do Porto, o extrato de baunilha e o gengibre e cozinhe em fogo brando. Mexa por 10 minutos ou até engrossar e retire do fogo.

2. Adicione 170 g do chocolate (reserve o restante para a cobertura) e as raspas de limão; misture para o chocolate derreter. Triture com o *mixer* a fim de obter um creme aveludado.

3. Umedeça uma fôrma de pudim com água e escorra (pode untar com malte de cevada). Coloque o creme imediatamente, deixe esfriar e guarde na geladeira por 4 horas. Desenforme na hora de servir.

4. Derreta em banho-maria o restante do chocolate, espalhe sobre o pudim e decore com sementes de cânhamo e fruta fresca.

2 c. sopa de amido de milho

1 c. sopa de cacau em pó

1 litro de leite de aveia ou de soja

4 a 6 c. sopa de açúcar mascavo ou de açúcar de coco

2 c. sopa de ágar-ágar em flocos

1 c. chá de canela

2 c. sopa de vinho do Porto (opcional)

1 c. chá de extrato de baunilha (opcional)

1 c. chá de raspas de gengibre (opcional)

200 g de chocolate meio amargo

1 limão (raspas)

sementes de cânhamo e fruta para decorar

Rico em hidratos de carbono, ferro, fósforo, magnésio e zinco

Salame de chocolate e avelã

1. Parta os biscoitos em pedacinhos (não use o processador), coloque-os num saco transparente fechado e bata com um rolo da massa. Separe os quadrados de chocolate do tablete.

2. Pique grosseiramente as avelãs com uma faca afiada e toste numa frigideira antiaderente (sem gordura) por cerca de 3 minutos ou até dourarem.

3. Aqueça o leite e dissolva o açúcar. Acrescente a manteiga e o extrato de baunilha e mexa. Retire do fogo e junte os quadrados de chocolate, mexendo até obter um creme liso.

4. À parte, misture a linhaça com a água quente e mexa energicamente até formar uma goma. Junte a goma da linhaça, o creme de chocolate e as avelãs aos biscoitos e misture bem para obter uma massa pegajosa.

5. Estenda uma folha de papel de alumínio ou um pedaço de plástico filme na bancada. Coloque a massa sobre o papel ou o plástico filme e enrole, em forma de rolo; pressione com as mãos para que fique compacto.

6. Leve à geladeira para endurecer por no mínimo 6 horas. Sirva cortado em fatias.

200 g de biscoitos Maria (1 pacote)

100 g de chocolate meio amargo (com 50% cacau)

½ xíc. de avelãs

2 c. sopa de leite vegetal

3 c. sopa de açúcar demerara

3 c. sopa de margarina

1 c. café de extrato de baunilha (opcional)

1 c. sopa de linhaça moída

2 c. sopa de água quente

Rico em lipídios, fibras, vitaminas C, A e do complexo B e cálcio

20 min.
8-10 fatias
Difícil

Torta gelada de frutas silvestres (*cheesecake*)

1. Prepare a base. Triture os biscoitos, reduzindo-os a pó. Coloque num recipiente, junte a manteiga derretida e a água, e mexa até formar uma pasta. Espalhe a mistura numa fôrma de 20 cm (de fundo removível), pressionando para que fique compacta. Guarde na geladeira.

2. Para o recheio, bata o creme de leite com um *fouet* e adicione 2 colheres de sopa de açúcar e o suco e as raspas de limão, até ficar firme.

3. Numa panela, misture o suco (ou o leite de soja), as frutas silvestres, os morangos, ½ xícara de açúcar e o ágar-ágar. Deixe ferver em fogo brando durante 5 minutos, mexendo regularmente. Retire do fogo, misture o iogurte e triture para obter um creme homogêneo. Junte ao creme batido e misture rapidamente com o *fouet*.

4. Despeje imediatamente na fôrma e alise a superfície. Leve à geladeira por, pelo menos, 4 horas para solidificar. Desenforme com cuidado antes de servir.

5. Para a cobertura, espalhe o doce e decore com as frutas silvestres. Sirva frio.

BASE
250 g de biscoitos integrais sem açúcar
3 c. sopa de margarina derretida
2 c. sopa de água

RECHEIO
200 g de creme de leite de soja para sobremesas
2 c. sopa + ½ xíc. de açúcar demerara ou de açúcar de coco
½ limão (suco e raspas)
½ xíc. de suco de frutas silvestres ou de leite de soja
½ xíc. de frutas silvestres
½ xíc. de morangos picados
2 c. sopa de ágar-ágar em flocos
1 iogurte de soja natural

COBERTURA
4 c. sopa de doce de frutas silvestres
amoras, framboesas, morangos, groselhas e mirtilos para decorar

As amoras silvestres são muito mais saborosas!

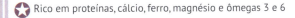 Rico em proteínas, cálcio, ferro, magnésio e ômegas 3 e 6

Tarteletes de maracujá
(cru, sem açúcar)

BASE

1 xíc. de mistura de amêndoas, avelãs e castanhas-de-caju

½ xíc. de coco ralado

12 tâmaras

1 c. café de canela em pó

½ limão pequeno (raspas)

óleo vegetal para untar

RECHEIO

2 bananas grandes congeladas

1 abacate grande maduro

1 c. sopa de cacau em pó ou de farinha de alfarroba

1 c. café de canela em pó

2 a 4 c. sopa de açúcar de coco ou de xarope de agave

1 a 2 c. sopa de sementes de chia

4 maracujás

6 framboesas para decorar

1. Prepare a base. Demolhe as frutas secas por 8 a 10 horas. Escorra, passe por água corrente e seque com papel absorvente. Coloque no processador e triture. Adicione o coco, as tâmaras, a canela e as raspas de limão e triture de novo até obter uma massa compacta.

2. Unte 6 fôrmas de tartelete com óleo. Coloque uma colherada de massa e pressione com os dedos para forrar toda a base.

3. Para o recheio, coloque a banana congelada (cortada em rodelas) no liquidificador, aguarde alguns minutos (para ficar menos rígida) e bata. Junte o abacate, o cacau e a canela, e bata de novo até obter um creme espesso. Adoce com o açúcar de coco e misture as sementes de chia.

4. Distribua o recheio pelas tarteletes e decore com a polpa de maracujá e as framboesas. Guarde na geladeira até servir.

⭐ Rico em lipídios, hidratos de carbono e proteínas

Doce de biscoito (serradura portuguesa)

🕐 20 min.
👥 4 porções
🍴 Fácil

1. Triture os biscoitos, reduzindo-os a pó.

2. Dissolva o amido na água. Misture o leite, 2 colheres de sopa de açúcar, a manteiga e o extrato de baunilha; cozinhe em fogo brando até engrossar. Deixe na geladeira por 2 horas.

3. Com um *fouet*, bata o creme de leite com 2 colheres de sopa de açúcar e o suco de limão, até ficar firme. Misture ao creme.

4. Coloque nas taças o creme e o biscoito, alternando em camadas. Finalize com as goji berry e nozes-pecãs picadas e polvilhe com canela.

200 g de biscoitos Maria ou integrais
1 c. sopa (cheia) de amido de milho
½ xíc. de água
2 + 2 c. sopa de açúcar demerara
1 xíc. de leite vegetal
1 c. sopa de margarina
1 c. café de extrato de baunilha (opcional)
100 g de creme de leite de soja para sobremesas
1 c. café de suco de limão
goji berry, nozes-pecãs e canela em pó para decorar

🕐 10 min.
👥 4 porções
🍴 Muito fácil

 Rico em lipídios, hidratos de carbono, cálcio e vitaminas

Parfait de fruta

4 fatias de bolo ou 8 biscoitos
1 laranja grande (suco)
2 a 4 c. sopa de vinho do Porto
8 morangos, 12 uvas e 8 framboesas
½ pacote de creme de leite de soja para sobremesas
2 c. sopa de açúcar demerara
½ c. café de canela em pó
½ limão (raspas e suco)
4 c. sopa de doce de morango sem açúcar
1 c. sopa de sementes de chia (opcional)
nozes-pecãs e sementes de abóbora para decorar

1. Parta o bolo (ou os biscoitos) em pedaços e distribua por 4 taças individuais. Misture o suco de laranja e o vinho do Porto e umedeça os pedaços de bolo. Corte as frutas em pedaços e distribua pelas taças, reservando algumas para a cobertura.

2. Bata o creme de leite com o açúcar, a canela, o suco e as raspas de limão, até ficar firme. Misture por fim o doce de morango e as sementes de chia.

3. Coloque 2 colheradas de creme em cada taça e decore com nozes-pecãs, sementes de abóbora tostadas e as frutas reservadas. Leve à geladeira por 2 horas e sirva gelado.

Uma maneira deliciosa de aproveitar as sobras de bolo e reforçar o consumo de fruta.

ÍNDICE DE RECEITAS

Águas vitaminadas › 31

Almôndegas de lentilhas › 108

Arroz basmati com beterraba › 143

"Arroz" de couve-flor › 144

Barrinhas energéticas com chocolate amargo › 52

Biscoitos de alfarroba e laranja › 66

Biscoitos de amêndoa › 65

Biscoitos de aveia e tomate seco › 69

Biscoitos de canela e gengibre › 66

Biscoitos de cranberries e chocolate › 68

Bolinhas de grão-de-bico e alho-poró › 90

Bolinhas energéticas de figo › 53

Bolo de alfarroba com creme de leite e chocolate › 156

Bolo de limão e cranberries › 154

Bolo delícia de morango › 153

Bolonhesa de seitan › 115

Cestinhos de legumes com frutas secas › 86

Chá de gengibre, limão e hortelã › 32

Chili › 124

Cogumelos Portobello recheados › 106

Creme de abóbora e tomate › 76

Creme de chia com fruta e aveia › 38

Creme de chia com manga › 38

Creme de ervilhas e couve-flor › 75

Creme de lentilhas e gengibre › 75

Cuscuz com cúrcuma e frutas secas › 143

Doce de biscoito (serradura portuguesa) › 180

Empadão de seitan e cogumelos › 104

Enrolados de canela e nozes › 58

Farofa de banana e abobrinha › 136

Favas com quiabos › 118

Feijoada com shimeji › 121

Folhados de espinafre, tofu e cogumelos › 85

Gelatina de abacaxi › 173

Germinados › 129

Granola crocante › 50

Grão-de-bico com especiarias › 122

Guisado de acelgas › 146

Hambúrgueres de quinoa › 94

Iogurte natural de soja › 44

Legumes grelhados com broa de milho › 135

Leite de amêndoa enriquecido › 43

Leite de quinoa aromatizado › 43

Mingau de aveia com cacau › 40

Mingau de trigo-sarraceno › 40

Mix de sementes e frutas secas › 48

Mix proteico › 48

Moussaka de berinjela › 102

Muffins de abóbora e laranja › 62

Muffins de maçã e canela › 61

Noodles com tofu e vegetais › 117

Panquecas de alfarroba › 54

Parfait de fruta › 180

Pasta de amêndoa e ervas › 79

Pasta de grão-de-bico e abacate › 79

Pastéis de castanha › 169

Pataniscas de grão-de-bico e cenoura › 93

Pudim de chocolate › 173

Purê de batata-doce e maçã verde › 136

Quiche de aveia, abobrinha e berinjela › 80

Rolo de aveia com pimentão e linguiça vegetal › 82

Rolo de proteína sem glúten › 101

Salada arco-íris › 130

Salada de lentilhas com fruta seca › 133

Salada mexicana de feijão › 133

Salada roxa › 131

Salame de chocolate e avelã › 174

Salteado de brócolis e aspargos com amendoim › 144

Sanduíches de tofu e seitan com berinjela › 97

Sangria de frutas silvestres › 33

Scones de banana › 57

Seitan com molho de amêndoa › 113

Smoothie de chocolate › 36

Smoothie de frutas vermelhas › 34

Smoothie de melancia e goji berry › 34

Sopa de feijão e urtigas › 77

Suco verde › 36

Tabule de quinoa › 140

Tarteletes de maracujá › 179

Tofu à Brás › 110

Tofu com crosta de broa de milho › 112

Torta de abóbora e tangerina › 160

Torta de amêndoa, avelã e noz-pecã › 166

Torta de figo e amêndoa › 163

Torta de maçã, pera e ameixa seca › 164

Torta de pêssego › 159

Torta gelada de frutas silvestres (cheesecake) › 176

Triguilho com fruta › 138

Trouxinhas de legumes › 89

Impressão e acabamento:

tel.: 25226368